古典文獻研究輯刊

三二編

潘美月・杜潔祥 主編

第 14 冊

《周易玩辭困學記》校證
（第二冊）

陳 開 林 著

國家圖書館出版品預行編目資料

《周易玩辭困學記》校證（第二冊）／陳開林 著 -- 初版 -- 新
北市：花木蘭文化事業有限公司，2021〔民110〕
目 4+154 面；19×26 公分
（古典文獻研究輯刊 三二編；第 14 冊）
ISBN 978-986-518-395-0（精裝）
1. 易經 2. 易學 3. 研究考訂
011.08   110000580

ISBN-978-986-518-395-0

9 789865 183950

古典文獻研究輯刊
三二編　第十四冊　　　　　　　　ISBN：978-986-518-395-0

《周易玩辭困學記》校證（第二冊）

作　　者　陳開林
主　　編　潘美月、杜潔祥
總 編 輯　杜潔祥
副總編輯　楊嘉樂
編　　輯　許郁翎、張雅淋　美術編輯　陳逸婷
出　　版　花木蘭文化事業有限公司
發 行 人　高小娟
聯絡地址　235 新北市中和區中安街七二號十三樓
　　　　　電話：02-2923-1455／傳真：02-2923-1452
網　　址　http://www.huamulan.tw 信箱 service@huamulans.com
印　　刷　普羅文化出版廣告事業
初　　版　2021 年 3 月
全書字數　585776 字
定　　價　三二編 47 冊（精裝）台幣 120,000 元

《周易玩辭困學記》校證
（第二冊）

陳開林 著

目次

第三册

第四册

《周易玩辭困學記》卷四

否☷☰坤下乾上

否之匪人，不利君子貞，大往小來。《說文》：否，方有反，從口從不，不亦聲。徐鍇曰：不可之意見於言，故從口。按：卦名備鄙反，不通也。與病痞之痞同義。

《彖》曰：「否之匪人，不利君子貞，大往小來」，則是天地不交而萬物不通也，上下不交而天下無邦也。內陰而外陽，內柔而外剛，內小人而外君子。小人道長，君子道消也。

「否之匪人」，聖人以致否歸咎於人，究亂本也。胡仲虎曰〔註1〕：「以天地言，陰陽不交，生道絕矣，匪人也。以一身言，陽亢陰滯，元氣竭矣，匪人也。以人心言，人慾為主於內，天理綠餘於外，失其所以為人矣，匪人也。」泰之「小人」，猶然人也。匪人則非人矣。否時之「匪人」，則更不知其為何物矣。徐衷明曰〔註2〕：「人且非矣，何況君子之貞者乎？『大往小來』，兜底翻轉一世界矣。」

李衷一曰〔註3〕：「『不利君子貞』，是教君子不當自以為貞，而過於分別

〔註1〕見胡炳文《周易本義通釋》卷一《否》。
〔註2〕不詳。
〔註3〕李光縉，字宗謙，號衷一，晉江人。李清馥《閩中理學淵源考》卷七十有傳。
　　　張振淵《周易說統》卷四《否》：「李衷一曰：『『之匪人』三字，《本義》云：
　　　『疑衍。』看來此句，正是說否。『不利君子貞』以下，是教君子之反否，不
　　　當自以為貞，而過於分別以取禍敗也。『小往大來』，正明所以不利之故，正
　　　見君子宜渾然包容，不自別白，方是御小人之妙法。『匪人』猶云否之時，用
　　　事的都不是人也。』」按：此指二十五卷本《周易說統》，十二卷本無。

—155—

以取禍也。『大往小來』，正明所以不利之故。見君子，宜渾然包容，不自別白，方是御小人之妙法。『天地不交』，則飢饉薦臻，草木零落，故曰『萬物不通』。君臣不交，禍亂之本。《春秋傳》曰：『不有君子，其能國乎？』『君子道消』，雖有邦，與無同矣。許大世界，若有一處兩處君臣和恊，尚不謂天下無邦。君子到此，求尺寸措足之地，不可得矣。」

徐子與曰〔註4〕：「《泰》先言『小往大來』，而後言『吉亨』，是以天運推之人事。《否》先言『匪人，不利君子貞』，而後言『大往小來』，是以人事參之天運。《泰》則歸之天，《否》則責之人。」

欲取否塞之義，故云內至柔弱，外至剛強。若《泰》則云「內健」、「外順」，各隨義為文。〔註5〕

李子思曰〔註6〕：「夫陰陽二氣對行乎天地間，或者謂〔註7〕陽一而陰二，故君子少小人多，治世少亂世多。然自有天地以來，陰陽二氣分於四序，無一歲不得其平者，而君子小人治亂之運，則或不齊，豈幽陰之氣獨盛於人間，而天運不爾耶？是不然。天人有相勝之理，治亂有可易之運，特在人所以制之者如何耳。否之世，雖則「小人道長，君子道消」，而所以消小人、長君子，亦必有道矣。」唐凝庵曰〔註8〕：「泰不獨言時之泰，而極言保泰之道。否不獨言時之否，而極言休否之道。猶醫者不獨言病，而必言治病之方也。」

郎顗曰〔註9〕：「卦氣以十二辟卦直十二月，焦先生得之隱者，其源發自《子夏傳》。子夏曰：極六位而反於坤之復，其數七是也。乾四月卦，坤十月卦，自乾坤而外，上經泰、否、臨、觀、剝、復六卦三十六畫，而陰之多於陽

〔註4〕徐幾，字子與，號進齋，建安人。《經義考》卷三十七著錄其《易輯》。此引文見胡廣《周易大全》卷五《否》、姜寶《周易傳義補疑》卷二《否》。按：此說有所本，唐・呂巖《呂子易說》卷上《否》：「否者，天地不交，陰陽閉塞之故也。《泰》先言『小往大來』，而後言『吉亨』者，是以天運推之人事也。《否》先言『匪人』，而後言『大往小來』者，是以人事參之天運也。」

〔註5〕孔《疏》：「『內柔而外剛』者，欲取否塞之義，故內至柔弱，外禦剛強，所以否閉。若欲取通泰之義，則云『內健』、『外順』。各隨義為文，故此云剛柔，不云健順。」

〔註6〕見馮椅《厚齋易學》卷十《否》。

〔註7〕宋・鮑雲龍《天原發微》卷十：「陰事太半，陽一而陰二也，治世少而亂世多，君子少而小人多之數也。」

〔註8〕見唐鶴徵（號凝菴）《周易象義》卷二《否》。（《四庫全書存目叢書》經部第10冊，第279頁）又見張振淵《周易說統》卷三《否》。

〔註9〕見葉良佩《周易義叢》卷三《否》。

者十二；下經遯、壯、夬、姤四卦二十四畫，而陽之多於陰者十二。上經自泰正月，而臨十二月，而復十一月，陽月順數已往；自否七月，而觀八月，而剝九月，陰月逆推未來。下經自遯六月，而姤五月，陰月順數既往；自大壯二月，而夬三月，陽月逆數方來。此陰陽多寡順逆，自然之序也。」

《象》曰：天地不交，否。君子以儉德辟難，不可榮以祿。

「薰以香自燒，膏以明自煎。」〔註10〕君子「辟難」，必先「儉德」，一切近名之事，辭而勿為。雖不能逃法眼，卻可逃肉眼聲名祿位之場，吾知免矣，故曰「不可榮以祿」。「不可榮」者，言人不得榮我，非戒其不可也。

《化書》云〔註11〕：「儉於聽，可以養虛。儉於視，可以養神。儉於言，可以養氣。儉於嬪嬙，可以保壽命。儉於心，可以出生死。」《老子》曰〔註12〕：儉乃德之寶。

初六：拔茅茹，以其彙。貞吉，亨。

《象》曰：「拔茅」，「貞吉」，志在君也。

《否》之三陰皆有應。義當否之時，閉隔不通，故不以相應立論三陰在下，連類而進，此時勢不可遏矣。但初惡未形，聖人就中生一變計，曰君子小人無定止，在正不正之分耳。誠能幡然從正，則《否》之初猶然《泰》之初，泰之吉亨即在此矣。小人何苦而甘為小人耶？〔註13〕項平甫曰〔註14〕：「《泰》之初九君子，始以類進。君子難進，故聖人勉之以『征』。《否》之初六小人，始以類進。小人進則為邪，故聖人戒之以『貞』。」

徐衷明曰〔註15〕：「《泰》之初曰『拔茅茹，以其彙』，《否》之初亦曰『拔

〔註10〕見《漢書》卷七十二《兩龔傳》。
〔註11〕《化書·儉化第六·化柄》（又名《齊丘子》）：「儉於聽，可以養虛。儉於視，可以養神。儉於言，可以養氣。儉於私，可以護富。儉於公，可以保貴。儉於門闥，可以無盜賊。儉於環衛，可以無叛亂。儉於職官，可以無姦佞。儉於嬪嬙，可以保壽命。儉於心，可以出生死。是知儉可以為萬化之柄。」此處所引有省略，與焦竑《易筌》卷一《否》所引相同，恐引自《易筌》。
〔註12〕《老子》：「我有三寶，寶而持之。一曰慈，二曰儉，三曰不敢為天下先。」
〔註13〕張振淵《周易說統》卷三：「此爻要得聖人引誘小人意。蓋小人道長之日，互為援引，執已不可遏矣。但初 未形，聖人就中生一變計，若曰君子小人無定止，在正不正之分耳。誠能幡然悔悟以徙正，則否之初猶然泰之初也。泰詞之所為吉亨，即此在矣。初亦何利，而甘從邪以害正也？」
〔註14〕見項安世《周易玩辭》卷三《泰否下三爻》。
〔註15〕不詳。

茅茹，以其彙』，見得今日也新新簇簇，一班氣色，是他的世界了，只是官家別是一番人耳。」

君子轉移世道，只有聯屬善類一著。〔註16〕小人轉移世道，亦只有援引惡黨一著。驩兜入而四凶集，賈充去而群小憂，否、泰之機全在於此。

沈氏曰〔註17〕：「泰之志曰在外為天下也，焉有為天下而不為君子者乎？否之志曰在君，未可知也。君子以之而獲上治民，小人以之而容悅取寵，同行異情，顧所以收小人而還於君子者，非此無術矣。」

六二：苞承小人，句。吉。大人否，亨。苞，《石經》從草。

《象》曰：「大人否，亨」，不亂群也。

陰柔中正，小人而能包容承順乎君子之象。「承」者，接待遜順，「包」則又有一段含容忍耐之意。初惡未形，故不稱小人，六二則直斥以小人，所謂「匹夫行，故匹夫稱之也」〔註18〕。「包承」是小人深心處，亦是世道轉關處。朋黨未分，情面尚在，這便是吉的道路，但看吾輩作用如何耳。若沉沉默默，既不分青理白，亂小人之群，亦不同流合污，為小人之群所亂，從閉塞中斡旋出一條通路，此非儉德君子所及，故曰「大人否，亨」。蓋於外君子，中做休否，大人猶易；於內小人，中做休否，大人甚難。私記。

陸君啟曰〔註19〕：「九二曰包，君子之領袖也，德量同於覆載，其器宏。六二亦云包，小人之魁傑也，局面異於尋常，其術大。」

君子牢籠小人，只是包荒便可致泰。小人牢籠君子，只是包承，便可致否。然則逞意氣，憑權藉，悻悻然見於鋒鍔，非徒不可為君子，並不能為小人。私記。

顏應雷曰：「司馬光再相，首革免役，限五日報竣。時蔡京為京兆，五日之內悉變畿縣免役，赴政事堂白光。光曰：『使人人奉法如君，何憂不治？』若京者，可為得『包承』之術矣。」

「包承小人」一句讀，言包承之小人也。九五「休否大人」亦一句讀。與「謙謙君子」、「勞謙君子」一例。

〔註16〕焦竑《易筌》卷一《否》：「轉移世道，只有聯屬善類一著，此彙字正與九四疇字相應。」
〔註17〕見沈一貫《易學》卷二《否》。
〔註18〕語見《春秋穀梁傳·桓公六年》。
〔註19〕見陸夢龍《易畧·否》。（《四庫全書存目叢書》經部第19冊，第479頁）

獸三為群，謂坤三陰。〔註 20〕

六三：苞羞。苞，《石經》從草。

《象》曰：「苞羞」，位不當也。

否過乎中，小人道消〔註 21〕，君子來復之時也。從前伎倆俱無所用，故為「包羞」之象。使小人知畏，不如知恥。非大人正己動物，其孰能之？《象》曰「位不當」，見得含垢忍恥，非其本心，特所處之位不當耳。否、泰乘除，尚未有定，聖人不言吉凶，意深遠矣。

九四：有命。句。无咎，讀。疇離祉。

《象》曰：「有命」，「无咎」，志行也。

三陰，治世眾君子，在波濤陷溺之中，莫保身命，忽然逢著九四，如大海之中忽遇高阜，絕處逢生，死中得活。聖人繫辭到此，且悲且喜，不覺失聲大叫，曰「有命」。賢人君子，國之命也。君子有命，則社稷蒼生亦有命，只要立得腳定，無過可摘，無釁可乘，同舟之人，俱蒙其福矣。命亂於《泰》之上六，而復治於《否》之九四，故天之「有命」，又賴人之「无咎」。否之思泰，如瞽者之不忘視，痿者之不忘起，今日幸而有命，又盡善盡美而无咎，乃得行其志，救否豈易易哉！私記。

胡仲虎曰〔註 22〕：「否、泰之變，皆天也。然泰變為否易，故於內卦即言之；否變為泰難，故於外卦始言之。泰之三必『无咎』而後『有福』，否之四必『无咎』而後『疇離祉』。三、四，乾坤交接之處，陰陽往來之會。君子當此，必自無過而後可福，而後可為疇類之福。」康流曰：「濟時之念，易於從俗。求通之心，隣於欲速。」〔註 23〕「无咎之中，君子所以急病讓夷，推善引過，強毅綢繆，隱忍拯救者，俱在此矣。」〔註 24〕李善長初見明高帝，稽

〔註 20〕李鼎祚《周易集解》卷四《否》：「虞翻曰：『否，不也。物三稱羣，謂坤三陰。』」
〔註 21〕明、熊過《周易象旨決錄》卷一《否》：「簡氏輔曰：『六二否過乎中，承應皆陽，小人之道漸消矣，故謂包羞之象。』」又見潘士藻《讀易述》卷三《否》。
〔註 22〕見胡炳文《周易本義通釋》卷一《否》。
〔註 23〕見潘士藻《讀易述》卷三《否》，稱「劉伯子曰」。
〔註 24〕見朱朝瑛《讀易略記·否》：「張元岵曰：『三陰，治世眾君子，在波濤陷溺之中，莫保身命，忽然逢著九四，如大海得岸，絕處逢生，聖人繫辭到此，且悲且喜，不覺失聲而呼，曰有命。』此非一人之命，而百萬蒼生所繫之命也。但留得在便可有為，立得定便可蒙福，可不慎哉！按：无咎曰志行，則无咎之中，君子大有苦心。凡所以急病讓夷，強毅綢繆，推善引過，隱忍匡救者，

首稱臣曰：「有天有日矣」，即是「有命」之意。○〔註25〕疇，類也，《書》九疇九類。又眾也，《虞書》「亮采惠疇」。離，麗也。

九五：休否，大人，句。吉。其亡其亡，繫於苞桑。

《象》曰：大人之吉，位正當也。

否以九五為主爻。休者，人依木息也。撥亂反正，因循不得，搶攘不得，如沉痾積痼，必休養元氣，而後泰可漸還。〔註26〕鄧汝極曰〔註27〕：「五剛中正，時否居休，與時遵養，與之優游。四凶在朝，見而弗聖。元愷在下，見之弗亟。微大人正位天德，變化闔闢，其孰能之？嗟乎！休否之大人，即否亨之大人也。前日不能遵時養晦，今日能休天下之否乎？」

既已「休否」而「吉」矣，復綴以「其亡其亡」二句，此痛定思痛之語，見得幸而有今日，不絕如線者屢矣，讀之令人於邑。

群邪充塞，非以正道當之，不能廓清底定。曰「位」、曰「正」、曰「當」，如江內金焦，河中砥柱，矻然植立於風波洶湧之中。休否作用，全在於此，故不言位正中，而言「位正當」，中義渾成，當有力量〔註28〕。私記。

苞桑，即危如累卵之意。陸宣公《請罷兵狀》有云：「邦國机椳若苞桑，綴旒幸而不殊」，是其證。苞，叢生也。叢生之桑細而弱。

沈氏曰〔註29〕：「使否、泰之循環，如易之六陰六陽可以刻期而至，則人事可廢而非然也。漢四百年而亂，唐與宋皆三百年而亂。漢之為唐，中幾四百年。唐之為宋，乃僅五十三年。修短之數大殊，而不可期，則其間人事得失何限，故必曰『其亡其亡』也，而後可以興。」

姚胤昌曰〔註30〕：「孔子不能休春秋之否，德在而位不在也。平王不能休東周之否，位在而德不在也。故《象》曰『位正當』。」

舉在此，故疇類皆麗其福。」（《四庫全書存目叢書》經部第24冊，第748頁）
按：《同人》九五亦引「張元岵曰」，據此，則朱朝瑛與張次仲互有引用。

〔註25〕此處原為空格，今以「○」區分。

〔註26〕錢士升《周易揆》卷二《否》：「休，息也。人依木息曰休。否為消卦，至三而極，五則息之，如人沉痼乍起，未能強固，必須休養元氣，而後泰可漸還也。」

〔註27〕見何楷《古周易訂詁》卷二《否》。

〔註28〕胡居仁《易像鈔》卷七：「位正中，中義渾成。位正當，當有力量。」

〔註29〕見沈一貫《易學》卷二《否》。

〔註30〕見張振淵《周易說統》卷三《否》。

上九：傾否，先否後喜。

《象》曰：否終則傾，何可長也？

以天時則否之運終，以人事則否之道備〔註31〕，否乃可傾矣。然言「傾否」而不言否傾，傾之者人也。濯垢棄瀋，倒囊而出，靡有遺餘。朝廷之上，草澤之間，不見有一小人，所謂「傾」也。「『先否後喜』，謂以否為先，悼往失而慮後圖；以喜為後，毋矜功能，毋狃安肆，與『其亡』同意。」〔註32〕《象》中「則」字乘機遘會，有許大力量。顏應雷曰〔註33〕：「聖人恐人履危處困，或以驚疑自阻，而無復見天日之想。又恐多凶多難，或以委靡無為，而失其厲氣感奮之圖。故於《否》之上九曰『何可長』，蓋壯其剛陽之才，而決其傾否之喜；於《屯》之上六亦曰「何可長」，蓋歎其陰柔之質，而悲其泣血之窮。」

尹和靖曰〔註34〕：「《易》之道如日星，但患於理未精，失其機會。問：所謂機會，豈非當泰時便可裁成輔相，當否時便可儉德避難否？曰：非也，易逆數也。若是其時，誰人不會？如此做，正在未到泰之上六，便要知泰將極；未到否之上九，便知否欲傾。此謂機會。」

朱康流曰〔註35〕：「泰道已成，一小人亂之而有餘。否道已成，眾君子救之而不足。譬如嘉卉之生，風霜瘁之，一朝而摧百尺；雨露滋之，經歲不能數寸。易亂難治，氣數然也。故《泰》之『無平不陂』，著戒於三；而《否》之『否終』，則傾著效於上。」

趙氏曰〔註36〕：「《泰》三陽在內，有君子同升之象。陰雖在外，而六五

〔註31〕朱朝瑛《讀易略記·否》：「以天時則否之運終，以人事則治否之道備」。（《四庫全書存目叢書》經部第24冊，第748～749頁）

〔註32〕張振淵《周易說統》卷三《否》：「游讓溪曰：『先否後喜，謂以否為先，悼往失而慮後禍；以喜為後，毋矜功能，毋狃安肆，與其亡其亡意同。』」

〔註33〕不詳。

〔註34〕見胡廣《周易大全》卷六《否》。按：宋·尹焞《和靖集》卷七《師說下》：「先生嘗書數句說《易》，曰：『《易》之道如日星，但患於理未精，失於機會則暗於理者也。聖人復生，恐不易吾之言。』祁寬問之，先生曰：『吾看《易》，運數也，故有是說。正在未到《泰》之上六，便要知泰之將極；未到《否》之上九，便要知否之欲傾也。』」
又，《和靖集》卷三《題蜀本周易後》：「《易》之道如日星，但患於理未精。失於機會，則暗於理者也。聖人復生，恐不易我之言。」

〔註35〕見朱朝瑛《讀易略記·否》。（《四庫全書存目叢書》經部第24冊，第748～749頁）

〔註36〕見趙善譽《易說》卷一《否卦說》。又見馮椅《厚齋易學》卷十《否》、董真

下應九二，有柔得尊位而能下賢之象。故六爻以相應為善。《否》則三陰在內，有小人方進之象。陽雖在外，而九五得位，有剛健中正以興衰撥亂之象。故六爻惟三陽為善。各以爻義取與，成卦之體不同也。」

同人 ䷌離下乾上

　　同人於野，亨，利涉大川，利君子貞。《說文》：同，合會也。從冃從口。徐鉉曰：同，爵名。《書》曰「太保受同嚌」，故從口。

　　《彖》曰：同人，柔得位得中而應乎乾，曰「同人」。同人曰。「同人於野，亨，利涉大川」，乾行也。文明以健，中正而應，君子正也。惟君子為能通天下之志。

　　《論語》曰〔註37〕：「鳥獸不可與同群，吾非斯人之徒與而誰與？」人而不與人同，則異類矣。故以同人命卦，以明一體之義。六爻則以相攻相取，盡同人之變。以人同人，其難如此。

　　項平甫曰〔註38〕：「《同人》以柔為主，然徒柔不能以同人也，必以天德行之，故雖『得位得中』，而必『應乎乾』，乃可『同人』。至於『利涉大川』，又曰『乾行』，明非柔之所能辦也。凡卦以柔為主者皆然。《履》六三、《小畜》六四、《大有》六五，皆柔為卦主，而其濟也必稱乾，此乾之所以為大與？」

　　爭名者於朝，爭利者於市，同人者於野。野乃農圃之地，寂寞之鄉。越陌度阡，於此求同，可謂「搴芙蓉於木末」矣。而曰「亨」、曰「利涉大川」者，何也？同人者，先自問其人之何如。若是依阿淟涊、奄然媚世之人，縱使眾皆悅之，成都成市，不過逐臭附羶，一遇風波，渙然而散，如何行得通？如何濟得險？今曰「乾行」，是鐵石心腸，一團天理。任是死生患難，決不變其交情；任是流言讒間，決不渝其初念；真千古耐久。朋所以踽踽涼涼，在廣漠無人之境，一片熱腸，與天下往來。恁麼瞿塘天險，阻遏得他，故曰「亨」，曰「利涉大川」。私記。

　　明則識見高，健則力量大，中正則學問純粹，無偏僻奇詭之行。應則痛

卿《周易會通》卷三、胡廣《周易大全》卷六《否》。
〔註37〕見《論語・微子第十八》。
〔註38〕見項安世《周易玩辭》卷三《應乎乾乾行也》。

癢相關，緩急有用，無孤介自守之癖。《彖》曰「利君子貞」，貞，正也，此所謂正，非狂非狷非鄉愿，君子正也。凡胸懷鬱結，求同而不得者，非此人孰能作之合而通其聲氣也哉？故曰「惟君子為能通天下之志」。大師相遇，所謂「能」也。**李宏甫曰**〔註39〕：「太白以從永王璘論死，郭子儀以官爵贖之，白又坐事繫潯陽獄，宋若思以三千兵劫而取之。嗚呼！世無同心之朋，賢人君子安所託命乎？」私記。

「同人於野」，野乃農圃樵牧之地，非取其公，取其真也。私而真，則尾生、孝己之行尚可動鬼神。公而偽，則假名節，假意氣，見利則趨，見害則避，不必涉川已自渙散矣。私記。

蘇子瞻曰〔註40〕：「野者，無求之地也。立於無求之地，則凡求我者，皆誠同也。彼非誠同，而能求我於野哉？故『天與火，同人』。物之能同於天者蓋寡矣。天非求同於物，非求不同於物也。立於上，而天下之同者自至焉。至者非我援之，不至者非我拒之。不拒不援，是以得其誠同，而可以涉川也。苟不得其誠同，與之居安則合，與之涉川則潰矣。」

郝仲輿曰〔註41〕：「城郭宮室，林莽幽谷，不見天日，謬生同異。適平原曠野，天宇空洞，則籓籬部屋之見盡徹，覺形骸藐小，物我偕適。以此閱世，羊腸三峽化為康莊，故曰在我。既無籬棘於人，安有冰炭？」

《纂言》云〔註42〕：「野謂人目所望，見地連天際處。」

平甫曰〔註43〕：「《易》中卦辭有「利涉大川」者八卦，非乾則巽。蓋北方屬水，乾行涉之；海居東南，巽木涉之。《需》、《訟》、《同人》、《大畜》四卦，皆以乾行為象者也。《蠱》、《益》、《渙》、《中孚》四卦，皆以巽木為象者也。」

《象》曰：天與火，同人。君子以類族辯物。

不曰天下有火，不曰火在天下，而曰「天與火」者，蓋天與火合，則以無所不覆之體，兼無所不照之用，物物皆在其照臨之中矣，故曰同人。〔註44〕

〔註39〕見李贄《九正易因·同人》。
〔註40〕見蘇軾《東坡易傳》卷二《同人》。
〔註41〕見郝敬《周易正解》卷五《同人》。
〔註42〕見吳澄《易纂言》卷一《同人》。
〔註43〕見項安世《周易玩辭》卷三《同人·利涉大川》。
〔註44〕此一節見張振淵《周易說統》卷三《同人》。

程正叔曰〔註45〕：「類族辯物謂於其族類中辯其何物。」麟類必仁，梟類必惡。不知其人，視其友族類，則物辯矣。吳因之曰〔註46〕：「惟『類族辯物』，則零碎看來，各以其品類自相會聚，此是零碎同處；總看來，人各安其分，物各止其所，再無僭亂乖爭，再無瀆擾侵害，穆穆熙熙，又是大段同處。」

初九：同人於門，无咎。

《象》曰：出門同人，又誰咎也？

「同人之初，未有私主，以剛在下，上無繫應。」〔註47〕切近於二，陰陽相求，「同人於門」之象。象加一「出」字，心胸更覺曠然。

王汝中曰〔註48〕：「時常處家，與親隣相燕昵，與妻奴佃僕相酬酢，以習心對習事，因循隱約，固有密制其命而不覺者。才出門，精神意思便覺不同。男子以天地四方為志，非閉門獨坐可了此生也。」

胡仲虎曰〔註49〕：「《同人》與《隨》之初，皆易涉〔註50〕於私。《隨》必出門而後有功，同人必出門而後无咎。」

邱行可曰〔註51〕：「兩戶為門，陰畫耦，門象。同人《隨》之初九、《節》之九二皆前遇耦，故曰門。一扇為戶，陽畫奇，戶象。《節》初九亦前遇奇，故曰戶。」

六二：同人於宗，吝。

《象》曰：「同人於宗」，吝，句。道也。

此「柔得位得中而應乎乾者」也。宗指五而言。乾乃六十四卦陽爻之祖。離之中爻乃乾中爻所變，是二者乾之裔，五者乾之宗也。其在人事，則道義

〔註45〕程頤《伊川易傳》卷二《同人》：「君子觀同人之象，而以類族辨物各，以其類族辨物之同異也。」

〔註46〕見潘士藻《讀易述》卷三《同人》、張振淵《周易說統》卷三《同人》。

〔註47〕見朱熹《周易本義》卷一《同人》。

〔註48〕見明·周汝登《王門宗旨》卷十二《天柱山房會語》、明·劉元卿《諸儒學案·龍溪王先生要語》。

〔註49〕見胡炳文《周易本義通釋》卷一《同人》。

〔註50〕「涉」，《周易本義通釋》作「溺」。

〔註51〕見董真卿《周易會通》卷四、胡一桂《易本義附錄纂疏》周易上經第一《同人》、熊良輔《周易本義集成》卷一《同人》、胡廣《周易大全》卷六《同人》。又見何楷《古周易訂詁》卷二，未言係引用。

之主盟，二與相應，可謂得所依歸矣。何以有吝？聲氣應求之味，非庸俗所知。或嗤其逐臭慕羶，或疑其植交樹黨，「伏莽」、「乘墉」，皆吝中事也。《象》申以「道」之一字，所謂「下士聞道大笑，不笑不足以為道」，雖吝亦何傷哉！私記。○〔註52〕此卦以二為主，以五為用。

九三：伏戎於莽，升其高陵，三歲不興。《字書》：歲，從步從戌。《石經》作「歲」。

《象》曰：「伏戎於莽」，敵剛也。「三歲不興」，安行也。

剛而不中，上無正應，見二、五之同。不勝媚嫉，而伏莽升高，無所不至。對五而言，三在五之下，故曰「伏」。「伏戎於莽」，以伺五之隙。對二而言，三在二之上，故曰「升」。「升其高陵」，以窺二之動。〔註53〕然以三求二，則理既不正；以三攻五，則勢又不敵。是以「三歲不興」。卦惟三、四不言同人，二與五相同，而三、四有爭奪之象，非同者也。「三與五隔三爻，故曰『三歲』。」〔註54〕《象》「言『敵剛』，恐人誤以為攻二也」〔註55〕。

李子思曰〔註56〕：「天下之理，萃則必爭。卦以相同為義，而三則伏戎，四則乘墉，五則師克。嗚呼！出而與人同，至易至簡之事，而乃如此，故易中必知險，簡中必知阻，不學《易》者，殆不可以涉世也。」

胡庭芳曰〔註57〕：「凡卦爻數自初數之，至上為六。或以一爻為一歲：《同人》『三歲不興』，《坎》『三歲不得』，《豐》『三歲不覿』，《既濟》『三年克之』，《未濟》『三年有賞於大國』；或以一爻為一月：《臨》『至於八月有凶』；或以

〔註52〕此處原為空格，今以「○」區分。
〔註53〕李中正《泰軒易傳》卷二《同人》：「故『伏戎於莽』，以伺五之隙；『升其高陵』，以窺二之動。」鄭汝諧《易翼傳‧同人》：「三『伏戎於莽』，以伺五之隙；『升其高陵』，以窺二之動。」李贄《九正易因‧同人》：「姜廷善曰：『「伏戎於莽」，以伺五之隙；「升其高陵」，以窺二之動。』」來知德《周易集注》卷四《同人》：「對五而言，三在四之下，故曰『伏』。對二而言，三在二之上，故曰『升』。」
〔註54〕見何楷《古周易訂詁》卷二《同人》。
〔註55〕見胡廣《周易大全》卷六《同人》。
　　　　按：項安世《周易玩辭》卷三《同人九三》：「言『敵剛』，皆明敵在上卦，恐人誤以為攻二也。」項氏之說又見吳澄《易纂言》卷五《象上傳》、焦竑《易筌》卷一《同人》。其中，《易筌》不言係引用。
〔註56〕見馮椅《厚齋易學》卷十一《同人》。
〔註57〕見胡一桂《周易本義啟蒙翼傳》下篇《卦爻言數例》，注「見先人雜著」。

一爻為一曰：《復》『七日來復』；或以一爻為一人：《需》『不速之客三人來』，《損》『三人行則損一人』；或以一爻為一物：《訟》『鞶帶三褫』，《晉》『晝日三接』，《師》『王三錫命』，《比》『王用三驅』，《暌》『載鬼一車』，《解》『田獲三狐』，《損》『二簋可用亨』，《萃》『一握為笑』，《革》『言三就』，《旅》『一矢亡』，《巽》『田獲三品』之類。」莽，草生廣野曰莽。

九四：乘其墉，弗克攻，吉。

《象》曰：「乘其墉」，義弗克也。其吉，則困而反則也。

夫攻之不克，而後乘墉。既曰乘墉，無有不克，而曰「弗克」，非力不足，義弗克也。義者，二、五相與之義。四竭其伎倆，不能離間，故曰「弗克」。既弗克矣，更有何吉？其吉「則困而反則也」。「則」即義也。朋友義合，薰蕕不同器，如法度之不可淆亂，所謂「則」也。「義弗克」便是「則困」，「則困」而親者自親，疏者自疏，不相攻擊，彼此相安，便是「反則」，便是「吉」。四與五隣，又在三上，故曰乘墉。私記。

鄭申甫曰〔註58〕：「凡卦言不克者，皆陽居陰位。惟其陽，故有訟、有攻。惟其陰，故不克訟、不克攻。《訟》之九二、九四，《同人》之九四皆是物也，可例見矣。」

鄒黍回曰〔註59〕：「九三以剛居剛，與離同體，不虞六二之不從己，惟忌九五之能得二，故專以敵五為心，究其不興也，為勢屈。九四以剛居柔，與乾為體，故不敢敵五，專以攻二為事，謂二折而入於我，五自莫能爭也。究其不克也，為理屈。」

或〔註60〕以三、四兩爻為求同於二者，非也。「伏莽」、「乘墉」，豈求同之事？三、四介二、五之中，蓋忌其同，而造謀啟釁，以離間之者也。「三惡

〔註58〕項安世《周易玩辭》卷三《同人‧弗克攻》：「凡爻言不克者，皆陽居陰位。惟其陽，故有訟、有攻。惟其陰，故不克訟、弗克攻。《訟》之九二、九四，《同人》之九四皆是物也。」吳澄《易纂言》卷一《同人》、潘士藻《讀易述》卷三《同人》均作項氏之說。

〔註59〕《雍正江西通志》卷四十七載：「鄒忠胤，字黍回，武進人。進士。」《經義考》卷一百十五著錄其《詩傳闡》三十四卷。

〔註60〕即郝敬。《周易正解》卷五《同人》：「人各有心，是世路通塞、物我同異之端。其正則為君子之貞，如二之同五是也；其不正則為小人之爭，如三、四之求同於二是也。」

五之親二，故有犯上之心。四忌二之比三，故有陵下之志。」〔註61〕金百鍊而愈勁，水萬折而必東。若無伏戎乘墉一番大險阻，不見六二臭味之真，亦不見九五力量之大。使六二不蒙「於宗」之「吝」，亦何以荅五「號咷」「大師」之情哉？私記。

楊敬仲曰〔註62〕：「六二以一柔弱之君子，而能抗九三、九四兩剛強之小人，一則陰消而使之不興，一則深媿而使之自反者，中正而已矣。人臣苟中正矣，何強之不若？何弱之不振？」

九五：同人，先號咷，而後笑。大師克相遇。

《象》曰：同人之先，以中直也。大師相遇，言相剋也。

卓去病曰〔註63〕：「九五剛健中正，非情慾愛憎所能牽，亦非是非議論所可狥，其不能遽同而相遇者，輔嗣所謂『執剛用直，眾未樂從，近隔二陽，未獲厥志』〔註64〕也。群譁眾咻，一國若狂，此非大有主張，堂堂斷斷，必不能使眾心協一，公論和同，故曰『先號咷，而後笑，大師克相遇』。」

二、五為三、四間隔，結鬱之念，不能自吐，故取象「號咷」。及其相遇，懽暢之情，亦非可言喻，故取象「後笑」。夫二、五同心同德，物猶間之，君臣朋友以間而離者，可勝言哉！師莫大於君心，而兵革為小。克莫難於小人，而敵國為易。《象》以「相遇」歸之「相剋」，蓋讒諂聲色，非大懲創，無以破洰涊之情，而杜離間之際，故曰「乾行」，曰「惟君子為能通天下之志」。○〔註65〕此詞是就既遇後追論之若此。

「先」字最可味。夫人之同，不是臨期作合，其先必有默相契者，故物不得而間之也。九五至正之性，物不能撓，故變正為直。

朱康流曰〔註66〕：卦以二體為二人，則君子相與，無小人以間之，故

〔註61〕董真卿《周易會通》卷四《同人》：「胡氏允曰：『三之『升高陵』，升四而望五也；四之『乘其墉』，乘三而攻二也。三惡五之親二，故有犯上之心。四惡二之比三，故有陵下之志。』」

〔註62〕見楊萬里《誠齋易傳》卷四《同人》。楊簡《楊氏易傳》無此語。

〔註63〕見卓爾康《周易全書·同人》。（四庫全書存目叢書補編第90冊，第150頁）

〔註64〕王《注》見《周易正義》卷三《同人》。「眾未樂從」，《周易正義》作「無所未從」。

〔註65〕此處原為空格，今以「○」區分。

〔註66〕見朱朝瑛《讀易略記·同人》。（《四庫全書存目叢書》經部第24冊，第749頁）

涉險而自通。爻以六位為六人，則君子不能自通，而間以小人，故用威而始克。

唐凝庵曰〔註67〕：二柔不能勝三、四之剛強，以同五。五剛中，正能勝三、四之不中不正者，以同二。《象》以「同人於野」歸之「乾行」者以此。

胡仲虎曰〔註68〕：「五剛中正，而有應於六二，故『先號咷而後笑』。《旅》上九剛不中正，而無應於九二，故『先笑而後號咷』」。○〔註69〕號，呼。咷，哭聲。

上九：同人於郊，無悔。

《象》曰：「同人於郊」，志未得也。

上雖乾體而居卦上，於二之得位得中既有所不應，於三、四之相攻相敵又有所不屑，不過與一二孤潔之士相與耳。以其無所苟同，則可以無悔。以其莫與共立，則志猶未得。〔註70〕曰「志未得」，聖人之志可知矣。○〔註71〕「志未得」與「通天下之志」反。

《爾雅》云：邑外謂之郊，郊外謂之牧，牧外謂之野。丘行可曰〔註72〕：「《同人》六爻，以六二一陰為卦主，上下五陽皆欲同之。有應而同者，五是也。有比而同者，初是也。有遠而無與同者，上是也。有爭而不能同者，三、四是也。同人之道難矣哉！」

大有 ䷍ 乾下離上

大有：元亨。

《彖》曰：大有，柔得尊位大中，而上下應之，曰「大有」。其德剛健而文明，應乎天而時行，是以「元亨」。

〔註67〕見潘士藻《讀易述》卷三《同人》、錢士升《周易揆》卷二《同人》，均未言係引用。

〔註68〕見胡炳文《周易本義通釋》卷一《同人》。

〔註69〕此處原為空格，今以「○」區分。

〔註70〕蘇軾《東坡易傳》卷二：「物之同於乾者已寡矣，今又處乾之上，則同之者尤難。以其無所苟同，則可以無悔。以其莫與共立，則志未得也。」

〔註71〕此處原為空格，今以「○」區分。

〔註72〕見胡廣《周易大全》卷六《同人》、姜寶《周易傳義補疑》卷三《同人》、葉良佩《周易義叢》卷四《同人》。

王《注》〔註73〕:「處尊以柔,居中以大,體無二陰以分其應,薄海內外,靡所不納,大有之義也。」

「《同人》以六居二,曰『柔得位得中』。《大有》以六居五,則曰『柔得尊位大中』。」〔註74〕《易》以上卦為尊,以陽爻為大。「大中」者,居陽爻之中也。「大有」者,五陽皆為所有也。此專主六五一爻論人君之位,下則兼上下兩體論人君之德〔註75〕。「德」者。乾為剛健,離為文明。「應乎天」謂應乎乾也。柔而不明,則有讒不見,有賊不知。明而不健,則知善不舉,知惡不去。應天時行,則健不過剛,明不好察。有如是之德,天下雖大,如人一身,元氣貫徹,更無一毫阻隔,是以「元亨」。「制作盡善之謂元,治化四達之謂亨。」〔註76〕「《翼》於《屯》、《臨》、《隨》、《无妄》、《升》等卦,皆訓大亨,此獨訓元亨,蓋深慶之也。」〔註77〕

《同人》、《大有》皆主離之一陰而言。**輔嗣有言**〔註78〕:「少者,多之所貴;寡者,眾之所宗。一卦五陽而一陰,則一陰為之主;五陰而一陽,則一陽為之主。蓋陰之所求者,陽也;陽之所求者,陰也。陰爻雖賤,而為一卦之主者,處其至少之地也。」

錢塞庵曰〔註79〕:「《比》以一陽統五陰,爻象不如《大有》吉。比坎險在外,無文明之德;坤眾在內,無天行之健。《比》受《師》,繼亂宜用剛;《大有》受《同人》,繼治宜用柔也。」**胡庭芳曰**〔註80〕:「《易》以陽為大。凡卦

〔註73〕見《周易正義》卷三《大有》。「薄海內外」,《周易正義》作「上下應之」。
〔註74〕見胡炳文《周易本義通釋》卷十一《象上傳·大有》。
〔註75〕董真卿《周易會通》卷四:「雙湖先生曰:『《本義》釋應天指六五,蓋本程《傳》,以為應天時而行也。然厚齋引儲、莊說,亦未嘗不是。載觀《象辭》自柔得尊位以下,專主六五一爻,以論人君之位,能有眾陽之大,自其德剛健以下,實兼上下兩軆以論人君之德,能致元亨之治也。』」其中,「《象辭》自柔得尊位以下」之後文字,又見胡廣《周易大全》卷六《大有》。
〔註76〕見張振淵《周易說統》卷三《大有》。
〔註77〕何楷《古周易訂詁》卷二《大有》:「乾道主元,離德主亨,《翼》於《屯》、《臨》、《隨》、《无妄》、《升》等卦,皆訓大亨,不訓元亨。此獨訓元亨,其別明矣。」
〔註78〕見王弼《周易略例·明象》。
〔註79〕見錢士升《周易揆》卷二《大有》。另外,郝敬《周易正解》卷五《大有》:「或曰:『《比》以一陽統五陰,爻象不如《大有》吉,何也?』《比》,坎在外,險象為水,無文明之德;坤居內,眾象為地,乏天行之健。《比》受《師》,繼亂宜用剛;《大有》受《同人》,繼治宜用柔。」
〔註80〕見胡一桂《易本義附錄纂疏》周易上經第一《大有》。

稱大者，皆以陽得名。《大有》以一陰統五陽，《大畜》以二陰畜四陽，《大過》四陽盛於中，《大壯》四陽壯於下，皆名之曰大。」

郝仲輿曰〔註81〕：「一陰五陽之卦凡六：《姤》、《同人》、《履》、《小畜》、《大有》、《夬》。惟《大有》柔得五位，餘皆不得位，故《大有》獨歸此卦。」

程《傳》〔註82〕：「凡卦德自有其義者，如『比，吉』、『謙，亨』是也；有因其卦義便為訓戒者，如『師貞，丈人吉』、『同人於野，亨』是也；有以其卦才而言者，『大有，元亨』是也。」

《象》曰：火在天上，大有。君子以遏惡揚善，順天休命。

陸北沙曰〔註83〕：「『火在天上』，非麗於木之火，乃天地陽明之氣也。陽氣萌於子，極於午。午者，天之位也。火臨午位，時當正夏，品物咸亨，大有之象。」晦庵曰〔註84〕：「所有既大，無以治之，則釁孽萌於其間矣。天命有善而無惡，故遏惡揚善，所以順天。」

初九：無交害，匪咎，艱則无咎。
《象》曰：大有初九，無交害也。

「諸家多以『無交害』為無上下之交，所以有害〔註85〕。《本義》從程《傳》，謂『居下無應，而未涉於害』。」〔註86〕二說合諸爻詞，俱覺未安，俱非定論。大抵讀《易》如摸象，不過得其一支半節。但須揆諸理而當，反諸心而安，考諸聖言而不甚乖謬，方可以管見備一斑，不然存疑可也。私記。

初，《傳》曰「大有」。上，《傳》曰「大有」。獨於本末見大有焉，始不垂戒，終難考祥。〔註87〕

〔註81〕見郝敬《周易正解》卷五《大有》。
〔註82〕見程頤《伊川易傳》卷一《大有》。
〔註83〕王昶《嘉慶直隸太倉州志》卷三十五《人物》：「陸寰，號北沙。精經術，門人受指教多顯名。早卒。時張元蒙號屏野，工易學，與寰齊名。」張元蒙《讀易纂》引其說多則。此引文見《讀易纂》卷二《大有》。
〔註84〕見朱熹《周易本義》卷一《大有》。
〔註85〕馮椅《厚齋易學》卷三十八《易外傳第六·大有》：「《大有》初九『無交害也』，以爻義明。初九之象，當大有之初，乃無上下之交，豈不有害於大有之義乎？」
〔註86〕見胡炳文《周易本義通釋》卷一《大有》。
〔註87〕陸振奇《易芥》卷二《大有》：「大有之世，保終之道，慎於履始，必有克艱之初，而後有天祐之上。故初曰『大有初九』，上曰『大有上九』，獨本末見大有焉。始不垂戒，終難考祥，聖人之意著矣。」陸振奇之說，張振淵《周易說統》卷三《大有》加以引用。

項平甫曰：「《大有》與《同人》反對。《大有》之初九即《同人》之上九，皆遠於柔者也。故《同人》六爻獨上九為不得志，《大有》六爻獨初九為無交。」〔註88〕「『無交害』，《大有》之初如此，艱則无咎。《大有》自初至終，皆當如此。」〔註89〕

《別傳》曰〔註90〕：「日道交初謂之天首，交中謂之天尾。初，原始可謂之首，在下又謂之尾。凡日行交道，或自內而外，或自外而內。正當其交處，則有陵揜之害。而初不當內外之交，故曰「無交害」。惟三正當內外之交，陰亢陽，月掩日，每在此，故曰小人害。」

九二：大車以載，有攸往，无咎。

《象》曰：「大車以載」，積中不敗也。

大有之世，上下皆應。而任天下之重者，九二而已。「九二以剛居柔，柔則其虛足以受，剛則其健足以行。」〔註91〕呂伯恭曰〔註92〕：「大臣之位，百責所萃。震撼擊撞，欲其鎮定。辛甘燥濕，欲其調劑。盤錯棼結，欲其解紓。黯闇污濁，欲其茹納。」故為大臣者，如大車之載，而後僅得无咎，僅可不敗。甚矣，處大有之難也！〔註93〕「積」字從四陽取象。

九三：公用亨於天子，小人弗克。

《象》曰：「公用亨於天子」，小人害也。

三，公位也。居下體之上，乘極剛之勢，而承柔順之主，勳名一時莫過

〔註88〕見項安世《周易玩辭》卷三《同人上九大有初九》。
〔註89〕見胡炳文《周易本義通釋》卷一《大有》。
〔註90〕張振淵《周易說統》卷八《頤》：「《象外別傳》曰：火在天上，天與火交會，火之極盛，亦天之極盛也。天之害在『亢龍有悔』，火之害在「日盈則昃」。『無交害』者，謹其始以防大有之盛也。○按：日道交初謂之天首，交中謂之天尾。初，原始可謂之首，在下又謂之尾。凡日行交道，或自內而外，或自外而內。正當其交處，則有陵揜之害。而初不當內外之交，故曰「無交害」。惟三正當內外之交，陰亢陽，月揜日，每在此，故曰『小人弗克』、『小人害』。」按：此指二十五卷本《周易說統》，十二卷本無。
　　　　又見胡居仁《易像鈔》卷八，未言「《別傳》曰」。
〔註91〕見胡炳文《周易本義通釋》卷一《大有》。
〔註92〕見呂祖謙《書說》卷二十六《君奭第十八》。
〔註93〕《周易本義通釋》卷一《大有》：「得應乎五，載上之象。有所往，而如是可以无咎矣。不曰吉者，大臣任天下之重職當如此也。僅得无咎，處大有之難如此！」

焉，蓋桓、文之儔也。〔註94〕

　　大有之世，天子威令方行，無有不奉貢之理，此所謂「亨」者，乃是以嘉謀嘉猷入告耳。若非九三之蘊藉，則亦無可告矣，故曰「小人弗克」。《象》申言「小人害」，謂非徒弗克，且以豐亨豫大蠱惑君心，聖人憂盛危明若此。

　　弱侯曰〔註95〕：「凡卦九三多具二義，以其處上下之交故也。」

　　九四：匪其彭，无咎。

　　《象》曰：「匪其彭，无咎」，明辯晢也。晢，《石經》從折。《字書》云當從析。

　　彭，盛貌，其指四。大有之世，治極物豐，滿盛極矣。四以剛居柔，下率諸陽，上事柔主，調和燮理，不知費幾許心力。而群臣百姓皆以為大有者，五之有，非四之有，若不知有四者。四僅僅得「无咎」而已，此與後世伴食宰相何異？夫子推原所以，發出一段善則歸君，無智名勇功妙用，而曰「明辨晢」。吳因之曰〔註96〕：「君臣尊卑之分，盈虛消息之理，人人多曉得，只是自家才望日隆，勳猷日著，不覺心滿，便把這一段見解迷昧了。」「明辯晢」者，當局不迷也。以陽居陰，故「匪其彭」。居離之初，故「明辯晢」。〔註97〕私記。

　　《詩》：「行人彭彭」、「出車彭彭」、「駟騵彭彭」、「四牡彭彭」，皆取人馬強盛之意。〔註98〕

　　六五：厥孚交如，威如，吉。

　　《象》曰：「厥孚交如」，信以發志也。「威如」之吉，易而無備也。

　　此「柔得尊位大中，而上下應之」者也。初艱，二載，三亨，四匪彭，皆

〔註94〕何楷《古周易訂詁》卷二《大有》：「三，公位也。天子指五。三居下體之上，乘極剛之勢，而承柔順之主，勳名一時莫過焉。用以受宴饗於天子，非德莫之能勝，蓋桓、文之業也。」沈一貫《易學》卷二《大有》：「居下體之上，乘極剛之勢，而承柔順之主，勳名一時莫過焉。公以此享獻於天子，而天子受之，非德莫之能勝，蓋桓、文之勳也。」

〔註95〕見焦竑《易筌》卷一《大有》。

〔註96〕見張振淵《周易說統》卷三《大有》、潘士藻《讀易述》卷三《大有》。

〔註97〕焦竑《易筌》卷一：「『明辯晢』者，言其處嫌疑之際，於上下分義能明辯而晢也。以陽居陰，故『匪其彭』。居離之初，故『明辯晢』。」

〔註98〕俞琰《周易集說》卷三《大有》：「彭，如字。《詩·載驅》云『行人彭彭』，《出車》云『出車彭彭』，《大明》云『駟騵彭彭』，《烝民》云『四牡彭彭』，皆取人馬強盛之義。」陳祖念《易用》卷一、李贄《九正易因》、熊過《周易象旨決錄》卷二《大有》有近似之說。

孚也，皆威也，皆五之吉也。周公就大有之世，形容君臣一德一心之氣象如此，而不言其所以，《象詞》始闡發其故，以見六五柔中之德。**蔡介夫曰**〔註99〕：「『厥孚交如』，謂上孚下，下孚上，兩相孚也，不專指六五。《象傳》則推本六五之信，有以發上下之志，蓋據見在則上下相孚，推本原則上發其志〔註100〕。」

曰「威如」，有法制森嚴，防奸摘伏之意，夫子特發明之。曰「易而無備」，謂六五以柔德而處群剛之間，有威不用，惟行簡易，無備之甚也。物感其德，翻更畏威，「威如之吉」也。〔註101〕蓋備生於不足，不足之形見於外則威削〔註102〕，故曰「居不為垣牆，人不敢毀傷。行不為周備，人莫能犯害」〔註103〕。

王輔嗣曰〔註104〕：「不私於物，物亦公焉。不疑於物，物亦誠焉。既公且信，何難何備？」

朱康流曰〔註105〕：「『無備』本於『發志』。『信』未足以發天下之志，誠不可無備。後世師其意而得之者，漢光武之幘坐迎笑，輕騎按行，其信已著於天下也；師其意而失之者，晉李特破蜀，李流勸其聚兵自守，特曰『大事甫定，但當安民，何更逆加疑忌』，卒為羅尚所襲，其信未著於蜀也。然則『信以發志』，要在平生，不在一時矣。」

上九：自天祐之，吉无不利。祐，從示。

《象》曰：大有上吉，自天祐也。

六五言大有之德，上九言大有之福。〔註106〕「六五者，一卦之主也。上

〔註99〕見蔡清《易經蒙引》卷二下《大有》。

〔註100〕「志」，《易經蒙引》作「孚」。

〔註101〕李鼎祚《周易集解》卷四：「侯果曰：『其體文明，其德中順，信發乎志，以覃於物，物懷其德，以信應君，君物交信，「厥孚交如」也。為卦之主，有威不用，唯行簡易，無所防備，物感其德，翻更畏威，「威如」之吉也。』」

〔註102〕蘇軾《東坡易傳》卷二《大有》：「處群剛之間，而獨用柔，無備之甚者也。以其無備，而物信之，故歸之者交如也。此柔而能威者，何也？以其無備，知其有餘也。夫備生於不足，不足之形見於外則威削。」

〔註103〕此語見劉向《說苑》卷五《貴德》。

〔註104〕王《注》見《周易正義》卷三《大有》。

〔註105〕見朱朝瑛《讀易略記·大有》。（《四庫全書存目叢書》經部第24冊，第751頁）

〔註106〕錢士升《周易揆》卷二《大有》：「六五一爻，大有之德。上九一爻，大有之

居卦終，故於此言卦主之盛。」〔註107〕「吉無不利」，卦爻中時有之，獨此稱「天祐」，則向來格天應天可知矣。「思若啟而行若翼，曰『吉』。推則準而動則化，曰『無不利』。」〔註108〕自《乾》、《坤》而下，柔道之善，莫過於此。〔註109〕此猶《師》之上六，師事至此而終，其言「大君」，蓋指六五；《小畜》上九，畜道至此而成，稱「月」與「婦」，亦指六四；皆非謂上爻也。

來矣鮮曰〔註110〕：「此爻止言『天祐』，若《繫辭》『履信思順』，又別發未盡之意。如『公用射隼』，止言『解悖』。若『成器而動』，又未盡之意也。言各不同，舊注拘於《繫辭》者，非也。」

《大有》一卦皆於五取義。〔註111〕初為遠臣，二為大臣，三、四為近臣，上為天位，五則漢之文帝、宋之仁宗也，明主在上，無一敗治之小人，無一害治之匿德。士生斯世，縕袍華於佩玉，飲冰甘於列鼎矣。〔註112〕

謙䷎艮下坤上

謙：亨，君子有終。《說文》：謙，敬也。從言。兼聲。

《彖》曰：謙，亨，天道下濟而光明，地道卑而上行。天道虧盈而益

福。」
〔註107〕見吳澄《易纂言》卷一《大有》。又見何楷《古周易訂詁》卷二《大有》，未言係引用。
〔註108〕見張振淵《周易說統》卷三《大有》。
〔註109〕呂巖《呂子易說》卷上：「自《乾》、《坤》而下，柔道之善，莫過於斯，故曰『應乎天而時行』之至也。」
〔註110〕見來知德《周易集注》卷四《大有》。
〔註111〕董真卿《周易會通》卷四《大有》：「丘氏曰：『節齋云《大有》一柔五剛，故以柔為一卦之主，而眾爻皆於五取義。初以遠五而有害，二以應五而无咎，三以公位而用亨於天子，四以能謙承五而无咎，上以近五而獲自天之祐也。』」胡廣《周易大全》卷六《大有》：「節齋蔡氏曰：『大有一柔五剛，故以柔為一卦之主，而眾爻皆於五取義。初以遠五而有艱，二以應五而无咎，三以公位而用享於天子，四以能謙承五而无咎，上以近五而獲自天之祐也。』」張獻翼《讀易紀聞》卷二《大有》：「《大有》一柔五剛，故以柔為一卦之主，眾爻皆於五取義。」
〔註112〕楊萬里《誠齋易傳》卷五《大有》：「八卦乾為尊，六十四卦泰為盛。然《乾》之上九悔於亢，《泰》之上六吝而亂。盛治備福，孰若大有者？六爻亨一，吉二，无咎三。明主在上，群賢畢集，無一敗治之小人，無一害治之棐德。士生斯時，雖如初九『無交』而難進，縕袍華於佩玉，飲水甘於列鼎，而況九二之大臣，九三之諸侯，九四之邇臣，上九功成身退之耆舊乎？嗚呼盛哉！」

謙，地道變盈而流謙，鬼神害盈而福謙，人道惡盈而好謙。謙尊而光，卑
而不可逾，君子之終也。

艮陽在坤之下，「天道下濟」也。剛畫在上，陽氣發見於外，有「光明」
之義。坤居艮上，「地道卑而上行」也。此就卦體釋「亨」，而卦名之義已具。
下備言天地神人之道，以絕人驕傲之習，令人惕然戒懼。嗟乎！以此坊民，
而富貴驕人、貧賤驕人者比肩接踵，如之何能以功名終也？

君子專指九三。尊者，三居下卦之上。卑者，三居上卦之下。以謙居尊
而道光，以謙居卑而德不可逾〔註113〕，此非庸人所能，君子之終也。自其行
無不得言則曰亨，自其成就言則曰有終。子瞻曰〔註114〕：「凡事不於其終觀
之，則爭而得、謙而失者，蓋有之矣。惟要之究極，然後知謙之必勝也。」

楊用修曰〔註115〕：「『君子有終』，言其久也。謙之道眾，人不能久，而君
子能終之也。夫少之事長，賤之事貴，不肖之事賢，燭至起，食至起，射則三
揖，酒則百拜，磬折匍伏，翼拱牆負誰不知之？誰不行之？一臨利害，巧為
趨避。語有之曰〔註116〕：『女無美惡，入宮見妒。士無賢不肖，入朝見嫉。』
又曰〔註117〕：『饑馬在廄，漠然無聲。投芻其傍，爭心乃起。』由是言之，小
人惡能謙哉？惟艮之堅固，坤之厚順，乃能終之，故曰『君子有終』。」

朱元晦曰〔註118〕：「謙者，有而不居之義。止乎內而順乎外，謙之意也。
山至高而地至卑，乃屈而止於其下，謙之象也。」此發《象傳》未盡之意。

王文成公《訓子書》曰〔註119〕：「人生千罪萬惡，只是一傲。子不孝，臣

〔註113〕宋‧蔡淵《周易經傳訓解》卷上《謙》：「尊者，三居下卦之上也。光者，艮
　　　　體也。卑者，三居上卦之下也。不可逾者，坤雖居上德不能逾三也，言以謙
　　　　居尊而道光，以謙居卑而德不可逾也。」此說又見何楷《古周易訂詁》卷二
　　　　《謙》、胡廣《周易大全》卷六《謙》、葉良佩《周易義叢》卷四《謙》、張
　　　　元蒙《讀易纂》卷二《謙》、劉紹攽《周易詳說》卷五《謙》、陸奎勳《陸堂
　　　　易學》卷五《謙》。其中，《古周易訂詁》不言係引用，其他諸書均稱係王宗
　　　　傳之說，然《童溪易傳》並無此語。
〔註114〕見蘇軾《東坡易傳》卷二《謙》。
〔註115〕見楊慎《升菴集》卷四十一《謙亨君子有終》、《丹鉛總錄》卷十一《謙亨君
　　　　子有終》。又見何楷《古周易訂詁》卷二《謙》、焦竑《易筌》卷二《謙》，
　　　　不言係引用。
〔註116〕語見鄒陽《獄中上梁王書》。
〔註117〕語見《文子‧上德》、《淮南子‧說林訓第十七》。
〔註118〕見朱熹《周易本義》卷一《謙》。
〔註119〕見王陽明《書正憲扇》：「今人病痛，大段只是傲。千罪百惡，皆從傲上來。傲

不忠，弟不悌，象不仁，丹朱不肖，都為傲字，結果了一生。傲之反為謙，謙非跡象上做工夫，須中心退讓，剛狠戾氣銷融殆盡，忠信孝友皆從此出。堯舜之聖，不過允恭克讓，而天下服矣。」

焦弱侯曰〔註120〕：「凡一陽統五陰之卦，《象傳》皆指出一剛字。《復》曰『剛反』，《師》曰『剛中』，《豫》曰『剛應』，《比》曰『剛中』，《剝》曰『柔變剛』，惟《謙》不然。《謙》不貴剛也。」

馮奇之曰〔註121〕：「一陽五陰之卦，其立象也，一陽在上下者為《剝》、《復》，象陽氣之消長也；在中者為《師》、《比》，象眾之所歸也。至於三、四在二體之際，當六畫之中，故以其自上而退，處於下為《謙》；自下而奮，出於上者為《豫》。此觀畫立象之本旨也。」

《象》曰：地中有山，謙。君子以裒多益寡，稱物平施。 裒，《石經》作「襃」，搏毛切。《六書正譌》別作襃、裒，並非。

蘇君禹曰〔註122〕：「『裒多益寡』是就心源理欲上劑量。謙是天理用事，盈是人慾用事，去一分人慾，便增一分天理，裒之固所以為益也。『稱物平施』從自己心上平，非從物上平也。人而盈滿，則有低昂，有輕重，視物我若相懸絕。」心平則無所不平，豈為燥濕輕重哉？

吳因之曰〔註123〕：「益寡無工夫，工夫只在『裒多』上。『裒多』工夫，又

則自高自是，不肯屈下人。故為子而傲，必不能孝；為弟而傲，必不能弟；為臣而傲，必不能忠。象之不仁，丹朱之不肖，皆只是一傲字，便結果一生，做個極惡大罪的人，更無解救得處。汝曹為學，先要除此病根，方才有地步可進。傲之反為謙。謙字便是對症之藥。非但是外貌卑遜，須是中心恭敬，撙節退讓，常見自己不是，真能虛己受人。故為子而謙，斯能孝；為弟而謙，斯能弟；為臣而謙，斯能忠。堯舜之聖，只是謙到至誠處，便是允恭克讓，溫恭允塞也。汝曹勉之敬之，其毋若伯魯之簡哉！」（吳光、錢明、董平、姚延福編校《王陽明全集》卷八《文錄五》，上海古籍出版社2012年版，第235～236頁）

〔註120〕見焦竑《易筌》卷二《謙》。焦氏之說又見何楷《古周易訂詁》卷二《謙》、錢澄之《田間易學》卷二《謙》、查慎行《周易玩辭集解》卷三《謙》，其中，查慎行未言係引用。

按：非焦氏創論，俞琰《周易集說》卷十五《象傳二》：

凡卦以一陽統五陰者，《象傳》皆以剛言。故《復》曰「剛反」、《師》曰「剛中而應」、《豫》曰「剛應」、《比》曰「以剛中也」、《剝》曰「柔變剛也」。而《謙》之《象傳》獨不言剛，何也？曰：謙以止順為德，不可以用剛也。

〔註121〕見馮椅《厚齋易學》卷十二《謙》，稱「李子思曰」。

〔註122〕見蘇濬《生生篇·謙》。（《四庫全書存目叢書》經部第13冊，第36頁）

〔註123〕張振淵《周易說統》卷三《謙》：「問：『人己一體，今矯之便偏勝，恐反屬

須理會個大源頭。君子進修之心，無有底止，覺得前邊有許多深遠境界，自家學問渾不濟事，雖欲矜誇不得若止是人已上起見，則一點驕心如何制縛得定？」

初六：謙謙君子，用涉大川，吉。

《象》曰：「謙謙君子」，卑以自牧也。

本是謙卦，又居卦下，故曰「謙謙」。「涉川貴於持重，不貴急速，用謙道以涉川，只是居後而不爭先，自然萬無一失。」〔註124〕「利涉者，其才其時利於涉耳。用涉者，用此以涉，然後吉也。」〔註125〕曰「牧」者，我念最高，憤驕難下，須降伏馴擾，如牧牛羊方可，非他人所能為，故曰「自」。卦有兩君子，初爻在下之君子也，九三在上之君子也，亦尊而光，卑而不可逾之意。〔註126〕

朱康流曰〔註127〕：「人皆知謙者之能退，而不知謙者之能進。今日辭尊而就卑，此謙謙之志也。他日讓易而就艱，讓簡而就劇，亦此謙謙之志也。故利『涉大川』。『自牧』者，養其志以有為也。」

焦弱侯曰〔註128〕：「『謙謙』，初六居下卦之下也。『乾乾』、『夬夬』，皆九三重剛也。『坎坎』，六三居重險之間也。『蹇蹇』，六二以險居險也。皆有

私意。』吳因之曰：『有意徇人則私也，君子無意也。此處須理會個大源頭。益寡無工夫，工夫只在裒多上。裒多工夫，又不在裒多上討來。君子一心欿然歉然，常見得自己小了，便自然有匹夫勝予之懼。然又不是有意，故自貶損，緣進德修業之心無有底止，只覺得前邊有許大深遠、許大境界，自家些小渾不濟事，雖欲矜誇不得。若止是人己上起見，則一點驕心如何制縛得定，決有發露時節。』」

〔註124〕胡一桂之說，見董真卿《周易會通》卷四《謙》、胡廣《周易大全》卷六《謙》、張振淵《周易說統》卷三《謙》。「持重」，《周易說統》同，《周易會通》、《周易大全》均作「遲重」。

〔註125〕馮椅《厚齋易學》卷十二《易輯傳第八·謙》：「王介父曰：『利涉，則其材其時利於涉耳。用涉則用此以涉，然後吉也。』」又見李衡《周易義海撮要》卷二《謙》、董真卿《周易會通》卷四《謙》、胡廣《周易大全》卷六《謙》。又見何楷《古周易訂詁》卷二《謙》，不言係引用。

〔註126〕胡炳文《周易本義通釋》卷一《謙》：「《謙》主九三，故三爻辭與卦辭皆稱『』君子有終。初亦曰君子，何也？三在下卦之上，勞而能謙，在上之君子也；初在下卦之下，謙而又謙，在下之君子也。在上者尊而光，在下者卑而不可踰，皆所以為君子之終也。」

〔註127〕見朱朝瑛《讀易略記·謙》。（《四庫全書存目叢書》經部第 24 冊，第 752 頁）

〔註128〕見焦竑《易筌》卷二《謙》。此前，王應麟《困學紀聞》卷一《易》云：「『乾乾』、『夬夬』，皆九三重剛也。『謙謙』，初六居下卦之下也。『坎坎』，六三居重險之間也。『蹇蹇』，六二陰居陰也。」

所取。」

來矣鮮曰〔註129〕：「凡《易》中有此象而無此事、無此理者，於此爻『涉大川』見之，蓋金車玉鉉之類也。就文衍理，不過說能謙，險亦可濟耳。」

六二：鳴謙，貞吉。

《象》曰：「鳴謙，貞吉」，中心得也。

蘇子瞻曰〔註130〕：「雄鳴則雌應，故《易》以陰陽倡和，寄之於鳴。謙之所以為謙者，三也。其謙也以『勞』，故聞其風被其澤者，莫不相從于謙。六二，其鄰也；上六，其配也；故皆和之，而鳴于謙。六二以陰處內卦之中，鳴以言，其和於三，『貞』以見其出於性也。」按：舊注「以謙有聞」〔註131〕，則非鳴謙，乃謙鳴矣。〔註132〕若《傳》謂「見於聲音」〔註133〕，則以聲音笑貌為恭儉矣。

九三：勞謙，君子有終，吉。

《象》曰：「勞謙，君子」，萬民服也。

《謙》以九三為成卦之主，故以《象詞》「君子」屬之。〔註134〕王輔嗣曰〔註135〕：「履得其位，眾陰所宗。上承下接〔註136〕，勞謙匪懈，是以吉也。」

艮為勞。卦上下五陰，九三以一陽矻然其中，是主持世界之人，非「勞」而何？〔註137〕《象》提出「萬民」，見勞謙如三，不獨朝廷銘功，同事仰重，即萬民之蚩蚩，亦無不服。人道惡盈好謙如此。「民」謂上下五陰。

〔註129〕見來知德《周易集注》卷四《謙》。

〔註130〕見蘇軾《東坡易傳》卷二《謙》。

〔註131〕此係朱熹《周易本義》卷一《謙》之語。

〔註132〕來知德《周易集注》卷四：「若舊注『以謙有聞』，則非鳴謙，乃謙鳴矣。」

〔註133〕程頤《伊川易傳》卷二《謙》：「二之謙德，由至誠積於中，所以發於聲音，中心所自得也，非勉為之也。」

〔註134〕焦竑《易筌》卷二《謙》：「薛溫其曰：『居上下之際，接兩體焉，非勞不可，亦乾乾之義也。九三居艮之終，故以《象辭》君子屬之。』」潘士藻《讀易述》卷三《謙》：「《象旨》：『蘇氏曰：艮之制在三，而親以艮下坤，故曰勞謙。九三居艮之終，故以《象詞》君子屬之。』」

〔註135〕王《注》見《周易正義》卷四《謙》。

〔註136〕「接」，《周易正義》作「綏」。

〔註137〕宋·郭雍《郭氏傳家易說》卷二《謙》：「九三以一陽而為眾陰之主，眾陰宗之而俱與之有終，則其為勞也大矣。」

六四：無不利撝謙。一句讀。

《象》曰：「無不利撝謙」，不違則也。

楊敬仲曰〔註138〕：「凡事有則不可過，不可不及。六柔四柔，坤體又柔又不中，有過乎謙之象，故聖人教之撝去其謙，又恐其疑也，曰『無不利撝謙』。曰『不違則』，言雖去其謙不至於違則也。」

「上承謙德之君，非謙則傲。傲者，違承上之則。下乘勳勞之臣，非謙則忌。忌者，違乘下之則。」〔註139〕六四「撝謙」而「不違則」者，大臣事君之謙，非循牆巽牀之謂也。事順乎則，苟值當為，則雖露齒裂齦、指天畫地，而不違失乎謙之則也。「不違則」，故無不利。用行師，用侵伐，皆撝去其謙之意。撝，裂也，從手，為聲。《詩》「麾之以肱」，《書》「右秉白旄以麾」，「麾」亦通作「撝」。

六五：不富以其隣，利用侵伐，無不利。

《象》曰：「利用侵伐」，征不服也。

「范文子讓，其下皆讓。」〔註140〕自有勞謙之君子，而百僚雍穆。為人君者，亦不以富貴驕人，惟好問好察，率領臣隣以徇公家之事而已。語曰〔註141〕：「朝有變色之言，則野有爭鬬之事。」當此都俞之世，萬民皆服，而其下復有不服，此真治世之頑民，聲罪致討，寧復煩兵革哉！既言「利用侵伐」，又曰「無不利」，甚言謙道之益，有不啻口出之意。

諸爻皆言謙，六五並無謙之名，但不知有四海之富而已。「富」者，驕盈之象。「不富」者，去驕去盈之象。〔註142〕陽稱富，《小畜》九五曰「富以其隣」。陰稱不富，《泰》六四曰「不富以其隣」。〔註143〕五居尊位而無應，故有「征不服」之象。〔註144〕

〔註138〕見楊簡《楊氏易傳》卷七《謙》，無「凡事有則不可過，不可不及」。
〔註139〕見陳摶《河洛真數・易卦釋義・謙》、楊萬里《誠齋易傳》卷五《謙》。
〔註140〕見《左傳・襄公十三年》。
〔註141〕語見班固《漢書》卷八十一《匡衡傳》。
〔註142〕張振淵《周易說統》卷三《謙》：「五之謙只在『不富』二字上看出。『富』者，驕盈之象。『不富』是去驕去盈，故能『以其鄰』，『不富』正是謙，非曰謙故不待富而其類從之也。」
〔註143〕來知德《周易集注》卷四《謙》：「陽稱富，《小畜》五陽，故《小象》曰『不獨富也』。陰皆不富，故《泰》六四亦曰『不富』。」
〔註144〕焦竑《易筌》卷二《謙》：「得尊位而無應，故曰『征不服』。」

何閩儒曰〔註145〕：「以退遜為謙，在下位則可治國平天下者。不然，苟非好大喜功，即四征九伐，不礙其為謙也。」「初非濟川之位，五非伐國之人，而爻詞云云者，極言謙之能有為也。」〔註146〕若王莽之謙恭，徒足亡國殺身而已。內卦言謙之體，外卦言謙之用。行師者多在外也。「利用侵伐」，利用行師，正「用涉大川」之處。

《周禮》云：「賊賢害民則伐之，負固不服則侵之。」「以謙順而侵伐」〔註147〕，乃「褒益」之大端，天道地道人道所必然也。

上六：鳴謙，利用行師，征邑國。

《象》曰：「鳴謙」，志未得也。可用「行師」，「征邑國」也。

上與九三相應，故亦曰「鳴謙」。然二曰「中心得」，上曰「志未得」者，何也？九三動勞大臣，二居其下，所謂「中心悅而誠服者」也，故曰「中心得」。上居三之上，無功而處尊榮之地，實有不自安之心，故曰「志未得」。「志未得」正謙之真切處也。即此不自安之心，以用行師，亦無不可。周公曰「利」，夫子曰「可」，利不利以時勢論也，可不可以道理論也。利而不可，聖人不敢也。可而不利，聖人不為也。佳兵不祥，善戰不怒。征苗之師，諄諄於「謙受益，滿招損」之語。謙之可以「行師」，非聖人孰能知之？孰能言之哉？私記。

五居君位，故曰「征不服」。上為人臣，故曰「征邑國」。〔註148〕「古者諸侯各自為國，其大夫各有采邑，采邑不順者伐之，如墮費墮郈之類是也。」〔註149〕來矣鮮曰〔註150〕：「凡《易》中言邑國者，皆坤土也。《升》曰『升虛邑』，《晉》曰『維用伐邑』，《泰》曰『自邑告命』，《師》曰『開國承家』，《復》曰『以其國君凶』。」

王輔嗣曰〔註151〕：「吉凶悔吝，生乎動者也。動之所起，興於利者也。

〔註145〕見何楷《古周易訂詁》卷二《謙》、焦竑《易筌》卷二《謙》。
〔註146〕托名呂巖《呂子易說》卷上《謙》：「初非濟川之位，五非伐國之才，而言『涉川』、『征邑』者，極言謙之能有為也。」
〔註147〕係王《注》。
〔註148〕焦竑《易筌》卷二《謙》：「師克在和，五以柔居剛，故侵伐無不利；上體用皆柔，故利在征邑國而已。」
〔註149〕見何楷《古周易訂詁》卷二《謙》、焦竑《易筌》卷二《謙》。
〔註150〕見來知德《周易集注》卷四《謙》。
〔註151〕王《注》見《周易正義》卷四《謙》。

未有居眾人之所惡而為動者所害，處不競之地而為爭者所奪，是以六爻雖有失位，無應乘剛，而皆無凶咎悔吝者，以謙為主也。」

夫子觀於魯桓公之廟，有欹器焉，顧謂弟子曰：「試注水焉。」弟子挹水而注之，中則正，滿則覆，夫子喟然歎曰：「惡有滿而不覆者哉！」子路曰：「敢問持滿有道乎？」子曰：「聰明睿知，守之以愚。功被天下，守之以遜。勇力蓋世，守之以怯。富有四海，守之以謙。」〔註152〕

〔註152〕見《荀子・宥坐篇》。

《周易玩辭困學記》卷五

豫☷☳坤下震上

豫：利建侯行師。豫，獸名，性不害物。蓋以寬舒安和為德者。《說文》：「豫，象之大者，從象予聲。」

《彖》曰：豫。句。剛，讀。應而志行。順以動，豫。豫順以動，故天地如之，而況「建侯行師」乎？天地以順動，故日月不過而四時不忒。聖人以順動，則刑罰清而民服。豫之時義大矣哉！

四剛為一卦之主，上承於五，下乘三爻，君民倚毗，故以「應」言之。位在偏，故不言得中。涉於嫌，故不言得位。「剛應志行，豫也。『順以動』，所以成其豫也。」〔註1〕「坤順震動，順在動先。惟震動於坤之上，故『利建侯』，以主萬民。惟坤順於震之下，故『利行師』，以動大眾。」〔註2〕震為長子，侯之象。坤為眾師之象。〔註3〕

何閩儒曰〔註4〕：「豫，坤下震上。司空季子以為母老子強。今觀上下五陰，惟九四一陽為卦之主，逼近六五，君不威而臣太重，侯伯之卦也。動而順

〔註1〕曹學佺《周易可說》卷二《豫》：「『剛應』者，九四，一陽而眾陰從之也。『志行』者，陽之志得行也。剛應志行，豫也。內順外動，所以成其豫也。故名豫。」
〔註2〕見章潢《周易象義》卷二《豫》。潘士藻《讀易述》卷三《豫》、張振淵《周易說統》卷三《豫》曾加以引用。
〔註3〕李鼎祚《周易集解》卷四《豫》：「鄭玄曰：（略）震又謂雷，諸侯之象，坤又為眾師役之象，故『利建侯行師』矣。」
〔註4〕見何楷《古周易訂詁》卷二、錢士升《周易揆》卷三。

則為桓、文之翼戴，動而逆則為曹、馬之奸雄，故夫子惓惓於順動致意焉。」
楊廷秀曰〔註5〕：「忘〔註6〕尾大之勢而建侯，必為漢之吳、楚。違舉國之諫
而行師，必為秦之淮淝。」

　　朱康流曰〔註7〕：「《國語》：『司空季子曰：『利建侯行師，居樂出威之謂
也。』』所謂『居樂』者，震出地上，長君有土也；『出威』者，眾在雷下，共
聽號令也。即『順以動』之義也。韋昭注曰：『居樂，母在內也。出威，震在
外也。居樂故利建侯，出威故利行師。』」則以建侯屬坤，行師屬震矣。鄭康
成曰：「震為雷，諸侯之象。坤為眾，師役之象。」又以震為建侯，坤為行師
矣。丘〔註8〕行可曰〔註9〕：「《屯》有震無坤，止言『建侯』。《謙》有坤無震，
止言『行師』。此震坤合，故兼言之。」是主康成之說也。然《比》無震有坤，
亦曰「建國」、「親侯」，《復》有坤有震，止言「行師」，不言「建侯」，何也？

　　日月、四時非二事。『日月不過』，故『四時不忒』。如日月之行，景長不
過南陸，短不過北陸，故分至啟閉，不差其序。」〔註10〕

　　「自《豫》以下十二卦，或言時義，或言時用，或止言時。」〔註11〕楊

〔註5〕見楊萬里《誠齋易傳》卷五《豫》。
〔註6〕「忘」，《誠齋易傳》作「逆」。
〔註7〕見朱朝瑛《讀易略記·豫》。（《四庫全書存目叢書》經部第24冊，第753頁）
〔註8〕「丘」，四庫本作「邱」。
〔註9〕見董真卿《周易會通》卷四、胡一桂《易本義附錄纂疏》周易上經第一《豫》、
　　　謙熊良輔《周易本義集成》卷一《豫》、胡廣《周易大全》卷七《豫》、李贄
　　　《九正易因·豫》。
〔註10〕馮椅《厚齋易學》卷三十四《易外傳第二》：「晁氏曰：剛應志行，以爻言豫
　　　之才。順以動豫，以卦言豫之德也。天地以順動，故日月不過而四時不忒。
　　　過，平聲。日月之行，景長不過南陸，短不過北陸，故分至啟閉，不差其序，
　　　以順陰陽之氣而動也。」
〔註11〕程頤《伊川易傳》卷二《豫》：「時義，謂豫之時義。諸卦之時與義用大者，
　　　皆贊其『大矣哉』，《豫》以下十一卦是也。《豫》、《遯》、《姤》、《旅》言時義，
　　　《坎》、《睽》、《蹇》言時用，《頤》、《大過》、《解》、《革》言時，各以其大者
　　　也。」
　　　胡炳文《周易本義通釋》卷十一《象上傳·豫》：「《頤》、《大過》、《解》、《革》
　　　言時，《坎》、《睽》、《蹇》言時用，《豫》、《隨》、《遯》、《姤》、《旅》言時義，
　　　凡十二卦，釋《象》之已言者，又復推廣《象》所未言者，於是極言以贊其
　　　大，欲人涵泳於言意之表，即如《乾》之《文言》是也。」
　　　季本《易學四同》卷三《豫》：「時義者，豫時之義也。卦各以時而名義有所
　　　繫。豫之時和，則易於怠緩，當以介石為貞然，後為順動之正。此其義之所
　　　繫也，故曰時義。觀卦唯六二一爻言吉，則寓戒之意深矣。《象傳》釋卦，有
　　　言時義，有言時用，有但言時者，凡十二卦，皆贊其大，而亦各有別。《豫》、

敬仲曰〔註12〕：「六十四卦皆時也，皆有義也，皆有用也，皆大也。聖人偶於十二卦言之，欲人涵泳於意言之外，非謂諸卦無時無義無用也。愚者執其言，知者通其意。」

《象》曰：雷出地奮，豫。先王以作樂崇德，殷薦之上帝，以配祖考。

「以配」即「配以」。〔註13〕

「樂之為用，朝覲聘享，祭祀各有所主。唯郊祀上帝，則大合今古眾樂而奏之，大司樂『圜丘之奏樂極九變』是也。故曰『殷薦之上帝，以配祖考』。郊祀后稷以配天，配以祖也。宗祀文王於明堂，以配上帝。配以考也。」〔註14〕殷，盛也。禮有殷奠殷薦，樂亦以殷薦為極盛。

蔡介夫曰〔註15〕：「先王作樂，本非為崇己德而設。然樂既作，則其音節之所宣布、舞蹈之所發揚，其德自有不容掩者。」

初六：鳴豫，凶。

《象》曰：初六「鳴豫」，志窮凶也。

陰柔小人上有強援得時主事，故不勝其豫，而以自鳴凶之道也。《象》曰「志窮」，人之不可測量者，惟志在初，而鳴志不遠矣，〔註16〕故重提「初六」而斷之以「凶」。《豫》初六即《謙》上六。向也「鳴謙」，今也「鳴豫」。

《隨》、《遯》、《姤》、《旅》言時義，蓋此五卦皆當易入於邪之時，欲人之謹之也，故以其義之所繫言。《坎》、《睽》、《蹇》言時用，蓋此三卦皆當不敢有為之時，欲人之通之也，故以其用之所繫言。《頤》、《大過》、《解》、《革》但言時，則以此四卦之德能及於天下，故以天下之所繫者為大也。然聖人亦因此十二卦，偶發一義耳。其實義中有用，用中有義，而時則諸卦之所同也，學者豈可泥於文義哉？隆山李氏曰：『十二卦或言時義，或言時用，或只言時，各隨卦體而贊之，初無異義，未有有時而無義，有義而無用者也。要之，時義、時用共歸於大哉者，均所以為推廣之意。』」

〔註12〕見楊簡《楊氏易傳》卷二十，又見錢一本《像象管見》卷二上《豫》。

〔註13〕焦竑《易筌》卷二《豫》：「『以配』即『配以』，誤倒耳。」

〔註14〕見胡一桂《易本義附錄纂疏》周易象上傳第五《豫》、陳祖念《易用》卷二《豫》，稱「潘氏曰」；胡廣《周易大全》卷七《豫》，稱「瓜山潘氏曰」；姜寶《周易傳義補疑》卷三《豫》，稱「潘氏夢旂曰」；張振淵《周易說統》卷三《豫》，不言係引用。

〔註15〕見蔡清《易經蒙引》卷三上《豫》。

〔註16〕潘士藻《讀易述》卷三《豫》：

「志窮」，贄卿曰：「人之不可測量者，惟此志在初而鳴其豫，志不遠矣。以應之，故不勝其樂。志窮於是，安得不凶？」

〔註17〕「鳴謙」曰心得，「鳴豫」曰志窮，心志之間，其幾嚴矣。

六二：介於石，不終日，貞吉。

《象》曰：「不終日，貞吉」，以中正也。

《說文》：「介，分疆也。」凡物兩開為介，介所以分也。「介於石」，謂如石之開，截然分斷，明決之至也。〔註18〕凡人處逆境易，處順境難。豫主和樂，易以溺人。二居兩陰之間，初「鳴豫」，三「盱豫」，酖樂成風，二毅然判斷，不為俗染，「介於石」也。「不終日」者，知宴安鴆毒，放得下，撇得開，無遲留顧戀之意，故貞而得吉。《象》推本於中正，言二非有奇特詭異之行，只是個中正自然，不為世味漸染，學問所以貴中正也。夫四正人，非匪人也，而二避之若膩，可見人貴自立，而願欲獨行矣。

蘇子瞻曰〔註19〕：「以陰居陰，而處二陰之間，晦之極，靜之至也。以晦觀明，以靜觀動，則凡吉凶禍福之至，如長短黑白陳乎吾前，是以動靜如此之果也。『介於石』，果於靜也。不俟終日，果於動也。是故孔子以為知幾也。」

六三：盱豫。句。悔，遲有悔。遲，《石經》作「遟」。《字書》：遟與遲同。

《象》曰：「盱豫」，「有悔」，位不當也。

盱音吁，張目望之也。陰不中正，而近於四，四為卦主，望其顏色，以明得意，仰面看人，聖人命之曰「盱豫」。初踽踽自得，開口告人，聖人命之曰「鳴豫」。小人情狀二字盡之矣。然良心不死，必有不自安之處，聖人提出一「悔」字，以覺其沉溺之非。本性陰柔，不能決斷，聖人就其悔悟處，轉出一「遲」字，以防其改過之勇。「『盱豫』與『介石』反，『遲』與『不

〔註17〕林栗《周易經傳集解·謙豫卷八》：「夫《豫》之初六即《謙》之上六也。」董真卿《周易會通》卷四《豫》：「雙湖先生曰：『《豫》初六即《謙》上六。向也『鳴謙』，今也『鳴豫』，皆蒙卦內有震卦，善鳴象。然鳴謙猶有行師之利，鳴豫直凶而已信矣，豫之不可沉溺如此。』」

〔註18〕何楷《古周易訂詁》卷二《豫》：「『介』，《說文》云：『分疆也。』凡物兩間為介，介所以分也。『介於石』，謂如石之開，截然分斷，明決之至也。」
按：熊過《周易象旨決錄》卷二《豫》：「『介』，《說文》云：『分疆也。』凡物兩間為介，介所以分也。」
另，張振淵《周易說統》卷三《豫》：「程敬承曰：『凡物兩間為介，介所以分也。』」

〔註19〕見蘇軾《東坡易傳》卷二《豫》。

終日』反。」〔註20〕豫吉在斷，悔在遲。「三、四上下之交，故兩爻有遲疑之戒。」〔註21〕

　　爻言「遲有悔」，《象》不論其遲速，直言「盱豫有悔」，而歸之「位不當」，以無品地之人而在四，左右眼昏目眩，舉動皆錯，雖欲無悔，其可得乎？凡言位不當者，非止以柔居剛、以剛居柔也，亦以乘承比應之間所值有難處耳。比如四為卦主，一世所緣。以豫聲勢炫赫，縱使十分有品之人，千里不相涉之地，風聲所感，未免波靡，何況不中不正之人，朝夕在四左右哉！故夫乘時得勢之徒，與其近而相取，不如遠而不相得也。凡《易》中言位不當者，皆須以所處之地會通之。私記。

　　九四：由豫，大有得。勿疑，朋盍簪。
　　《象》曰：「由豫，大有得」，志大行也。

　　卦之所以成其豫者，全在此爻，故以「由豫」歸之。上則疑於逼君，下則疑於得眾，故以「勿疑」戒之。一剛得五柔，曰「大有得」。五柔合一剛，曰「朋合簪」。〔註22〕「志大行」者，剛應而無他爻以分其權也。〔註23〕

〔註20〕明‧胡廣《周易大全》卷七《豫》、明‧姜寶《周易傳義補疑》卷三《豫》（明萬曆十四年刻本）、明‧焦竑《易筌》卷二《豫》、明‧張獻翼《讀易紀聞》卷二《豫》、明‧錢士升《周易揆》卷三《豫》、何楷《古周易訂詁》卷二《豫》曰：「『盱豫』與『介石』相反，『遲』與『不終日』相反，中正與不中正故也。」其中，《周易大全》、《周易傳義補疑》稱係胡炳文之說。檢《周易本義通釋》，實無此語。
　　　　按：明‧潘士藻《讀易述》卷三《豫》：「周宴曰：『盱豫』與『介石』相反，『遲』與『不終日』相反，中正不中正、當位不當位故耳。」
〔註21〕見明‧焦竑《易筌》卷二《豫》、明‧錢士升《周易揆》卷三《豫》。
〔註22〕李贄《九正易因‧豫》：「熊過曰：『大有得』者，一剛得五柔；『朋合簪』者，五柔合一剛。」又見焦竑《易筌》卷二《豫》、曹學佺《周易可說》卷二《豫》，不言係引用。
　　　　按：熊過《周易象旨決錄》卷二《豫》：
　　　　「大有得」者，一剛之得五柔。「用盍簪」者，五柔之合一剛也。「志大行」者，剛應而又無他爻以分其權也。以其樂與人同，存心於天下者之所為也。
〔註23〕此一節及下「潘士藻曰」，亦見他書。曹學佺《周易可說》卷二《豫》：「『大有得』者，一剛得五柔。『朋盍簪』者，五柔合一剛也。『勿疑，朋盍簪』，全是勸地之詞。四本豫主，乘應皆邪，而二獨貞。貞者難致，邪者易昵。邪者溺而難去，正者望而不來。夫惟開誠布公者，不以樂己而附，不以守貞而違，權在己，應在人，而無己私之與焉，則吾朋其有不同者乎？」
　　　　焦竑《易筌》卷二《豫》：「『大有得』者，一剛得五柔。『朋盍簪』者，五柔合一剛。『志大行』者，剛應而無他爻以分其權也。爻本豫主，而乘應皆邪，

潘去華曰〔註24〕：「爻本豫主，乘應皆邪，而二獨守貞。貞者難致，邪者易昵。夫惟開載布公，不以易昵而比，不以守正而違，則二亦吾朋也。大臣身任天下當如此。」焦弱侯曰〔註25〕：「初應四，三、五比四，為凶，為悔，為疾。獨六二不繫於四，而以中正自守，得為貞吉，則九四之不得為賢臣可知已。看來四外陽內陰，才足有為，而誠不至者也。當豫之時，君弱而大權歸己，眾皆附之，足以成功，故曰『大有得』。唯其不誠，故戒以『勿疑』。如齊桓九合諸侯，葵邱之會微有矜色，叛者九國。使其誠心尊周，周室豈復弱乎？故五之『貞疾』，四實為之也、夫子於四取其志大行，於五傷其乘剛，功罪定矣。」

楊敬仲曰〔註26〕：「大抵賢者之心，克艱克謹，不患違道。若戒懼太過，失大有為之時，則於大易之道猶為未盡，而四海之內必有不被堯舜之澤者矣。故曰『大有得』，曰『勿疑』，曰『志大行』，皆所以贊其大有為，啟易道之大全也。」

二獨貞。貞者難致，邪者易昵。昵者聚而難去，致者望而不至。夫惟開誠布公者，不以樂己而附，不以守貞而違。權在己，應在人，而無己私之與焉，則吾朋其有不同者乎？」

錢士升《周易揆》卷三《豫》：「獨體陽爻，眾陰從之得豫，『由豫』也。一陽而得五陰，『大有得』也。震為大塗，『由』象。然上有逼君之疑，下有得眾之疑。『勿疑』者，大臣身任天下，無他顧也。但一時朋類，初、三皆邪，二獨貞。貞者難致，邪者易昵。惟開誠布公，不以樂己而附，不以守貞而違，權在己，應在人，而己私不與焉，則朋合而疑亡矣。」

〔註24〕見潘士藻《讀易述》卷三《豫》。

〔註25〕見焦竑《易筌》卷二《豫》、何楷《古周易訂詁》卷二《豫》。引文內容又見曹學佺《周易可說》卷二《豫》，「賢臣可知己」作「純臣可知矣」。

按：此非焦氏創論。

胡炳文《周易本義通釋》卷一《豫》：

諸爻皆溺於豫者，惟二、五不言豫。六五「貞疾」，不得豫也；六二「貞吉」，不為豫也。初應四，三、五比四，故為「凶」、為「悔」、為「疾」。六二不繫於四，介乎初與三之間，如石之不相入，獨以中正自守，其堅確如石。故豫最易以溺人，而六二則不俟終日而去之，其德安靜而堅確，故能見幾而作。如此不為逸豫之豫，而知有先事之豫者也。

金貴亨《學易記》卷二《豫》：

九四外陽內陰，才足有為，而誠不至者也。當豫之時，君弱而權歸己，眾皆附之，足以成功，故曰「大有得」。惟其無誠，故戒以勿疑。如齊桓一匡天下，亦足當此使。其誠心尊周，周室豈復弱乎？故五之「貞疾」，四實為之也。夫子於四取其「志大行」，於五傷其乘剛，可以定功罪矣。

〔註26〕見楊簡《楊氏易傳》卷七《豫》。

九四，君道也，非臣道也。文王之《彖》曰「利建侯行師」，非九四其孰建而孰行乎？故《彖》曰「志行」，《象》曰「志大行」，即「建侯行師」之志也。「勿疑」，決詞也，所謂不疑何卜也。「朋盍簪」者，大眾已聚，不可復散，化家為國，化侯為王，在此時矣，故曰「順以動」。天地如之，而況建侯行師乎？豫之時義大矣哉！私記。

簪之名簪，取聚髮也。以一陽括乎眾陰，猶以一簪括乎諸髮也。或謂古冠服無簪。按：《鹽鐵論》：「神禹治水，遺簪不顧」，非簪而何？姜后脫簪，即弁服之笄是也。

程可久曰〔註27〕：「重耳筮得晉國，遇《豫》。《豫》九四為眾陰所宗，無有分其應者，且總眾陰以安上，如簪之總髮以莊首，重耳率諸侯以尊周室之象。」

六五：貞疾，恒不死。

《象》曰：「六五貞疾」，乘剛也。「恒不死」，中未亡也。

疾與豫反，《金縢》曰「王有疾，弗豫」是也。詞不言豫，而說者謂五沉溺於豫〔註28〕，失其旨矣。五以陰柔，下乘四剛，威權已去，委靡不振，「貞疾」之象。幸其居中，質性安和，無縱慾敗度之事，亦無開釁速禍之心，四雖強梁，相安無事，不失為守府之主。周自平至赧，諸侯放恣，綿延數百年，殆此爻之謂耶。私記。

九四一爻，卦之所賴以豫者。五獨乘而出其上，此有意於傲權勢、逃溟涬以為介者也。當是時，「鳴豫」者、「盱豫」者、「冥豫」者沉淪安樂，絕不知有生人之苦。五獨幽憂隱痛，絕不知有生人之樂。語所謂「泉石膏肓，煙霞痼疾」，非貞疾而何？疾則多死，而五恒不死。彼其疾不在痛癢之間，故其死亦不在壽夭之際，何也？「中未亡」也，中也者，生人之命脈一日不亡，一日不死，雖至今存可也。私記。

程叔子曰〔註29〕：「四不言失正，而於五乃見其強迫者，四本無失，故於四言大臣任事之義，於五則言其柔弱不立，威權去己之義，各據本爻取義也。」

〔註27〕程迥，字可久，寧陵人。朱軾《史傳三編》卷五十五《循吏傳七》有傳。此
　　　　引文見程迥《周易古占法·占說第八》。
〔註28〕按：持此論者較多，如：熊良輔《周易本義集成》卷一《豫》：「當豫之時，
　　　　以柔居尊，沉溺於豫」；蔡清《易經蒙引》卷三上《豫》：「五亦有沉溺於豫之
　　　　疾」；陳祖念《易用》卷二《豫》：「六五陰柔處尊，沉溺於豫，貞痼之疾也。」
〔註29〕見程頤《伊川易傳》卷二《豫》。

胡仲虎曰〔註30〕：「爻惟二、五不言豫。二『貞吉』，不為豫也。五『貞疾』，不能〔註31〕豫也。」

上六：冥豫，成有渝，无咎。《說文》：「冥，從日從六。一聲。」《六書正譌》：六者，地也。日入於地。會意。

《象》曰：「冥豫」在上，何可長也？

豫極則冥，動極故渝。〔註32〕「成」者，已定之局。「有」者，或然之詞。所謂「惡始而美終，以晚蓋者也」。「鳴豫」言「凶」，遏其端於始；「冥豫」言「无咎」，開其善於終。「三之悔，猶懼其遲。上之冥，深冀其改。」〔註33〕

「成如《春秋》『求成』之『成』，渝如『渝盟』之『渝』。」〔註34〕渝者，變也，變則為《晉》。晉，明出地上，故無冥暗之咎。凡言「渝」者，皆當以變卦觀之。〔註35〕「渝安貞」、「官有渝」、「成有渝」皆是也。「官有渝」變於始，「成有渝」變於終。〔註36〕

〔註30〕見胡炳文《周易本義通釋》卷一《豫》。按：所引與郝敬《周易正解》卷六《豫》同。

〔註31〕「能」，《周易本義通釋》作「得」。

〔註32〕高攀龍《周易易簡說》卷一《豫》：「豫上故冥，動極故渝。」

〔註33〕見張振淵《周易說統》卷三，稱「諸子相曰」。

〔註34〕見焦竑《易筌》卷二《豫》。按：吳澄《易纂言》卷一《豫》：「成謂以和好相結約也，如《春秋傳》『求成』之成。渝謂改變，如『渝盟』之『渝』。」何楷《古周易訂詁》卷二《豫》：「成猶定也，如《春秋》『求成』之『成』。渝者，變也，如『渝盟』之『渝』。」

〔註35〕項安世《周易玩辭》第四《豫‧上六》：「『上六：冥豫成，有渝，无咎。』成者，極也，豫極則昏，故曰『冥豫成』。《豫》之反為《謙》，《謙》則無豫怠之咎。上之變為《晉》，《晉》則無冥暗之咎。故曰『有渝，无咎』。凡言『渝』者，皆當以變卦觀之。」

〔註36〕焦竑《易筌》卷二《豫》：「成者，極也，豫極則昏，故曰成。上變為《晉》，《晉》則無冥暗之咎，故曰『成有渝，无咎』。所謂『彼將惡始而美終，以晚蓋者也』。《易》中凡言『渝』者，皆當以變卦觀之。「渝安貞」「官有渝」「成有渝」皆是也。「成有渝」變於終，「官有渝」變於始。」

按：此非焦氏創論。

項安世《周易玩辭》卷四《上六》：

「上六：冥豫，成有渝，无咎。」「成」者，極也。豫極則昏，故曰「冥豫成」。《豫》之反為《謙》，謙則無豫怠之咎。上之變為《晉》，晉則無冥暗之咎，故曰「有渝，无咎」。凡言「渝」者，皆當以變卦觀之。

潘士藻《讀易述》卷四《豫》：

易者，言變易也。「渝安貞」、「官有渝」、「成有渝」，無弗得善，蓋善用易也。「成有渝」，所謂彼將惡始而美終以晚蓋者也。「成有渝」，變之於其終；「官有渝」，變之於其始。

「成」字，疑「或」字之誤。「成」則不可「渝」矣。

當豫之時，「不終日」則「吉」，「渝」則「无咎」，「遲」則「有悔」。人在安樂中，急圖解脫，如拯溺救焚，方可出離坑阱。徘徊眷戀，未有不載胥及溺者，故以「何可長」終之。

蔡子木曰〔註37〕：「豫之世，君多以柔廢事，臣多以勢自專，士多以慕富貴變生平所守，故五之『貞疾』以戒人君之廢，四之『勿疑』以戒大臣之專，初之『鳴豫』、二之『介石』、三之『盱豫』、上之『冥豫』以戒士之慕富貴者。」

李宏甫曰〔註38〕：「觀《彖詞》、《彖傳》極言致豫之盛，而六爻與《象》反極言享豫之禍，蓋亡國敗家，相尋不絕者，咸以豫也。非盱豫、鳴豫，即死於豫。苟能如六二介然若不終日，又何以不能保終豫耶？即此便是順動，便是致豫之由，便能享豫之福。」

徐子與曰〔註39〕：「豫有三義：一曰備豫，《繫辭》『重門擊柝』是也；一曰悅豫，《序卦》『以喜隨人』是也；一曰逸豫，《雜卦》『謙輕豫怠』是也。《彖》與《大象》所言，悅豫也。」六爻所言，逸豫也。合而言之，人事不可無豫，人心不可有豫。〔註40〕

隨☰ 震下兌上

隨：元亨利貞，无咎。隨，從也。凡不自為主，而順從乎外曰隨。《說文》：從辵。辵音綽，走也。從墮省聲。

《彖》曰：隨，剛來而下柔，動而說，隨。大亨，貞，无咎，而天下隨時。隨時之義大矣哉！王肅本「時」作「之隨」、「時之義」作「隨之時義」。

〔註37〕見張振淵《周易說統》卷三《豫》。曹學佺《周易可說》卷二《豫》：「豫之世，君多以柔廢事，大臣多以自專，士多以慕富貴變平生之所守。故五曰『貞疾』以戒其廢弛，四曰『勿疑，朋盍簪』以戒其專擅，初曰『鳴豫』、三曰『盱豫』、上曰『冥豫』以戒其外慕而失守。二之『介石』，其庶幾乎，故亟以『貞吉』與之。」

〔註38〕見李贄《九正易因·豫》。

〔註39〕見董真卿《周易會通》卷四、胡一桂《易本義附錄纂疏》周易上經第一《豫》、熊良輔《周易本義集成》卷一《豫》，原作：「豫有三義：曰和豫，曰逸豫，曰備豫。《彖》、《象》所言，和豫也。六爻所言，逸豫也。豫備，不虞卦爻無此義。《傳》曰『重門擊柝，以待暴客，蓋取諸豫』，此備豫也。」

〔註40〕清·秦篤輝《易象通義》卷二《豫》：「程氏敬承曰：世道不可不豫，人心不可有豫。」鄭方坤《經稗》卷一《易經·豫》：「程敬承亦云：『世道不可不豫，人心不可有豫。』」程汝繼，字敬承。《經義考》卷六十一著錄其《周易宗義》十二卷。《四庫全書》收錄其《周易疏義》四卷。

「『隨』，從也，如人前行而自後從之也。」〔註41〕不曰剛下柔，而曰「剛來下柔」，來者，內詞也。下卦本坤，上卦本乾，今乾以上畫之剛，來坤二柔之下而為震，故曰「剛來下柔」。震動兌說，故曰「動而說」。隨之名義如此。揆諸人事，剛來下柔，全無骨力，動而說，一片世情。世道若此，不成世道。人品若此，不成人品。士生斯時，須有盡善盡美之道，方有安身立命之處，故渾渾全全，以「元亨利貞」歸之。以為必如此，乃得无咎也。私記。

《疏》曰〔註42〕：「以苟相從，涉於朋黨。」潘去華曰〔註43〕：「道本惡隨，隨必詭正。卦以隨名，通人情，達世變，不主故常，易於溺情狥俗，以適其私，隨之所以難也。」李子思曰：「君子體陽剛之德，要當使我能轉物而物自隨我，不可使物轉我而我反隨物。」〔註44〕「故時出於聖人，天下隨聖人；時成於天下，聖人隨天下。」〔註45〕治亂之原、人品邪正之關，俱繫於此，豈不大矣哉！

《象》曰：澤中有雷，隨。君子以向晦入宴息。

「爻言隨時而動，《象》言隨時而息。」〔註46〕《九家易》曰〔註47〕：「兌澤震雷，八月之時，雷藏於澤。」「震，東方卦。日出之地曰暘谷。兌，西方卦。日入之地曰昧谷。今自震東趨兌西，向晦之象。」〔註48〕

袁坤儀曰〔註49〕：「『宴息』從『洗心退藏』來。放下身心，安閒自在者，

〔註41〕見何楷《古周易訂詁》卷二《隨》。
〔註42〕孔《疏》見《周易正義》卷四《隨》。
〔註43〕見潘士藻《讀易述》卷四《隨》。張振淵《周易說統》卷三《隨》加以引用。
〔註44〕見董真卿《周易會通》卷四《隨》、胡廣《周易大全》卷七《隨》、姜寶《周易傳義補疑》卷三《隨》、張振淵《周易說統》卷三《隨》。又見錢士升《周易揆》卷三《隨》，不言係引用。
〔註45〕見楊萬里《誠齋易傳》卷五《隨》。
〔註46〕見焦竑《易筌》卷二《隨》、陳祖念《易用》卷二《隨》、錢士升《周易揆》卷三《隨》。三書均不言係引用。
　　　按：胡一桂《易本義附錄纂疏》周易象上傳第五《隨》：「黃宗臺曰：『卦爻取隨時而動，《大象》取隨時而息。』」又見董真卿《周易會通》卷四《隨》，稱「黃氏曰」。梁寅《周易參義》卷三《隨》：「卦爻言隨時而動，《象傳》言隨時而息。」李贄《九正易因·隨》、潘士藻《讀易述》卷四《隨》：「周宴曰：『爻取隨時而動，大象取隨時而息。』」
〔註47〕見李鼎祚《周易集解》卷五《隨》。
〔註48〕見俞琰《周易集說》卷十一《象辭一》。
〔註49〕見張振淵《周易說統》卷三《隨》，稱「袁了凡曰」。

宴也。萬緣退聽，一念不生者，息也。使身安而心不安，身息而心不息，縱然
酣睡，餘忙猶在，不得謂之『宴息』。」故不曰「宴息」，而曰「入」。「入」之
一字，意義深矣。

馬含英曰〔註50〕：「人當旦晝勞擾之中，苟能一念靜存，則真氣立收，良
心立復，時時青天白日，時時大昏博夜，時時自強不息，時時向晦宴息矣。」

初九：官有渝，貞吉。出門交有功。

《象》曰：「官有渝」，從正吉也。「出門交有功」，不失也。

隨以下隨上為義，乘承比應皆所不論。〔註51〕

《內經》云〔註52〕：「心者，君主之官。」「官」，主也，初卦之主也。渝，
變也。「有」者，不必盡變，而變其所必有也。一陽下動，動則變，非向者廓
然之體矣，故曰「官有渝」。「官有渝」三字，下得鄭重，見得隨非小可。連心
體變換一番，豈可不慎！《象》曰「從正吉」，言不正則不吉。「從正」二字是
《隨》卦六爻樞紐。「正」者，度德而師，量賢而友之謂。「出門交有功」與
《同人》初九一例。離群索居，宇內豪傑所失多矣。遠紊博訪，皇皇求友，
天下士豈忍當吾世而失之耶？不失則有功矣。

焦弱侯曰〔註53〕：「初九為一卦之主，以《乾》之上九與《坤》之初六相
變而成。《隨》上九、初六本皆不正，因變而得正，遂有動說之象，故曰『官
有渝，貞吉』。此一句論卦之始變。二爻相易，隨之本也，所謂『剛來而下柔，
動而說，隨也』。」

呂伯恭曰〔註54〕：「人都謂親昵之言必不誤我，不知親昵蔽於私，愛其言

〔註50〕不詳。

〔註51〕見焦竑《易筌》卷二《隨》。

〔註52〕見《素問・靈蘭秘典論篇》。

〔註53〕見焦竑《易筌》卷二《隨》。按：焦氏之說，早見於項安世《周易玩辭》卷四
《隨・官有渝貞吉》。

〔註54〕呂祖謙《麗澤論說集錄》卷一：「『初九：官有渝，貞吉。出則交有功。』官，
主守也。大率隨人，必胷中先有所主宰。若無主宰，一向隨人，必入於邪，
至於變所守以隨人，尤非小事。若所隨不得其正，則悔吝而不得其吉矣。此
隨人之初，尤不可忽，故聖人教人以隨之本。言人先內有所主，然後可以隨
人。或變而隨人，惟正而後吉也。『出門交有功』，非特處事如此，學者為學
亦如此。今之為學，自初至長，多隨所習熟者為之，皆不出窠臼外。惟出窠
臼外，然後有功象，又贊以不失也者。常人多謂親暱之言必不誤我，隨之必
可無失。殊不知親暱蔽於愛，其為我謀也必不盡公。且如與親暱論官職，則
必多勸我進，少勸我退，從之豈不失乎？如與親暱論財利，則必多勸我受，

必不正大，與之論仕宦則勸進，與之論財利則勸取，非徒無功，抑且喪其生平。惟不相親昵之人，據理論事，雖努莪可取，故曰『出門交有功』。」

六二：係小子，失丈夫。

《象》曰：「係小子」，弗兼與也。

易之定分，陽大陰小。「小子指六三，丈夫指初九。」〔註55〕陰之為物，體性柔弱，以處隨世，不能獨立，必有係也。〔註56〕六二「係小子，失丈夫」，小子非必盡匪人。瑣瑣庸流，無高明俊偉之氣，與此輩隨行逐隊，意趣凡陋，世間奇男子不知不覺，日遠日疎，非不欲與，勢不能兼也。蓬子馮嬰八人，而叔豫退避以遠罪；郭子儀信張曇，而幕僚相率以求去。吉凶悔吝，周公於此亦不欲為之判斷矣。私記。

楊氏曰〔註57〕：「以剛隨人者，謂之隨。以柔隨人者，謂之係。剛有以自立，而柔不足以自立，故初、四、五不言係，而二、三、上皆言係。」

六三：係丈夫，失小子。隨有求得，利居貞。

《象》曰：「係丈夫」，志舍下也。

以六三視二、四，則六二小子，九四丈夫。隨以隨上為貴，隨陽為得。三與四陰陽相比，以陰從陽，其情易合，故所求皆得。〔註58〕士之病莫大於求，尤莫大於求而有得。況以六居三，以九居四，位皆不正，恐其隨為詭隨，

少勸我辭，從之豈不失乎？唯利害不相及之人，往往說得依公合理，吾能隨之，所以多有功而不失也。」

〔註55〕見趙汝楳《周易輯聞》卷二《隨》。後又見龍仁夫《周易集傳》卷二《隨》、焦竑《易筌》卷二《隨》，不言係引用。按：俞琰《周易集說》卷三《隨》：「小子指六三之柔爻，丈夫指初九之剛爻。」

〔註56〕《周易注疏》卷四《隨》王《注》：「陰之為物，以處隨世，不能獨立，必有係也。」

〔註57〕見方實孫《淙山讀周易》卷五《隨》、董真卿《周易會通》卷四《隨》、胡廣《周易大全》卷七《隨》，稱「楊氏」；姜寶《周易傳義補疑》卷三《隨》、葉良佩《周易義叢》卷四《隨》，稱「楊中立」；張獻翼《讀易紀聞》卷二《隨》，不言係引用。楊時，字中立，馮椅《厚齋易學》錄其說較多。

〔註58〕楊萬里《誠齋易傳》卷五《隨》：「以六三視二四，則六二小子、九四丈夫。六三之志捨六二從九四，惟不失其所隨，故有求而必得，非求在外而可必也，求在我而可必也。求道得道，求仁得仁，孰能御之？『利居貞』，貞者求在我者也。陳相捨陳良而從許行，六二以之；夷子捨墨氏而見孟子，六三以之。」陳士元《易象鉤解》卷二《隨》：「以六三視二四，則二為小子，四為丈夫矣。二在下，故孔子曰『志舍下』。」

求為妄求，得為苟得，故戒之曰「利居貞」。〔註59〕「居貞」者，守其正而弗求也。

三之質地，亦無大過於二。而二失丈夫，三得丈夫者，二居三下，勢不能越三而係四。〔註60〕四位尊望重，三地近情親〔註61〕，有求皆得。雖與二為貧賤之交，意向之間，不覺疏遠。然則二之「弗兼與」，非也；三之「志舍下」，亦豈大人君子之度哉！

三曰「志舍下」，畢竟是有品格之人。若浮慕道廣而薰蕕同器，此非善學柳下惠者也。

夫子釋二、三兩爻，不論道理，不問吉凶，於二止曰「弗兼與」，於三止曰「志舍下」。人生止此精神意趣，無所繫則已，一有所繫必有所失〔註62〕，連自家也主張不定，所以不可不慎。

凡從師取友，須實見得是從性命中發脈，不是逢人結盟，依草附木。如王心齋之於陽明，既已執贄，心有未安，仍踞上坐。次日論難，心悅誠服，方定師生名分。聶雙江於陽明歿後，凡四年始焚香稽首，執弟子禮。此英雄舉動，千古師生榜樣。宋時朱、陸兩家領袖，後學一入門牆，是朱則非陸，是陸則非朱，不知孰為小子，孰為丈夫。臧穀異業，亡羊則均。〔註63〕私記。

九四：隨有獲，貞凶。有孚在道以明，何咎？

《象》曰：「隨有獲」，其義凶也。「有孚在道」，明功也。

〔註59〕焦竑《易筌》卷二《隨》：「三在四下，繫九四之丈夫，失六二之小子，『志舍下』也。隨以隨上為貴，隨陽為得，故曰『隨有求得』。然六三與九四皆不正，恐其隨為詭隨，求為苟求，得為苟得，故戒之曰『利居貞』。」

〔註60〕錢士升《周易揆》卷三《隨》：「小子多指初。然初為卦主，以剛居剛，指長子為小子，於義未安。陽大陰小，小子當指二陰。六二以六三為小子，五為丈夫；六三以六二為小子，九四為丈夫。觀《漸》之初六稱『小子厲』，則陰又為小子甚明。二失丈夫，三得丈夫者，二比三，不能越三而上；三比四，易於舍下而上也。」

〔註61〕潘士藻《讀易述》卷四《隨》：「吳因之曰：『二陰柔，他質地原不好了，故因初之近而遂係之。係者，臭味相投而眷眷不捨之辭。失者，聖人惜之之辭。三之係，則地近情親而眷眷不捨之辭，其失則聖人幸之之辭。』」

〔註62〕潘士藻《讀易述》卷四《隨》：「質卿曰：『係與隨正相反。初九『出門交有功』，不失也，故謂之隨，以其心無所繫也。若心有所繫，必有所失。』」

〔註63〕《莊子·駢拇》：「臧與穀，二人相與牧羊，而俱亡其羊。問臧奚事，則挾策讀書；問穀奚事，則博塞以遊。二人者，事業不同，其於亡羊均也。」

　　四與五比，初其所應，三其所繫，二又繫於三。己隨君，天下隨己，「隨有獲」也。〔註64〕「『獲』者，取非其有之詞。」〔註65〕以義論之，必當得凶。〔註66〕夫四之有獲，即三之有得也。三貞則利，而四之貞不免於凶，可見大臣之隨與小臣不同，將何道以處此？吳因之曰〔註67〕：「常人處危疑之地，立腳不定，便有許多術數。或巧媚君心，借援左右；或暴白心跡，自明無他。聖人一切不用，所自盡者止「有孚」而已。抑孚者，其情耳。歡不可昵，情不可竭，又須在道。道者，人臣立身之繩尺也。若慮威權太盛，而謬為推布，解使去己，則衰世君臣互相揣摩之術，豈大臣體國之忠哉？」「大抵處功名而不克終，只坐一昏字，故《象》特歸功明哲，以為滿盛之戒。」〔註68〕「明則知心不可欺，而內竭其誠；知事不可苟，而外合於道。」〔註69〕「如此，則隨者不厭其勤，獲者不傷其正，更有何咎！」〔註70〕

　　凡學問文章不能自立，規模隨人，腳跟旋轉到底，只是驅使庸奴，豈能有所建立？故隨而有獲、隨而有得，聖人俱不之許，而一以貞為主。私記。

〔註64〕俞琰《周易集說》卷三《隨》：「九四之隨九五，獲乎上而有道者也。以臣從君，以陰從陽，故曰『隨有獲』。居隨之時，為君側之大臣，初其所應，三其所繫，二又繫於三，是天下無不隨之也。」曹學佺《周易可說》卷二《隨》：「隨是隨君，有獲是獲人心。臣與君一德，自是人所樂於推戴。蓋四之隨五，所謂獲上有道者矣。然以其居君側，初其所應，二、三其所繫，天下無不隨之。」焦竑《易筌》卷二《隨》：「九四之隨九五，獲乎上有道者也。臣從君，陽從陽，故曰『隨有獲』。四居君側，初其所應，三其所繫，二又繫於三，天下無不隨之。」

〔註65〕蘇軾《東坡易傳》卷二《隨》：「六三固四之所當有也，不可以言獲。『獲』者，取非其有之辭也。」

〔註66〕明・林希元《易經存疑》卷三《隨》：「言以理言，當得凶也。」後來，清・張爾岐《周易說略》卷二《隨》：「九四雖隨而有獲，以勢凌於五，其於君臣之義，當得凶也。」

〔註67〕見張振淵《周易說統》卷三《隨》。

〔註68〕張振淵《周易說統》卷三《隨》：「大抵人臣處功名之際，多不克終，只坐一昏字。故爻象特提出明字，以為處盛者著鑑。」

〔註69〕來知德《周易集注》卷四《隨》：「『義凶』者，有凶之理也。『有孚在道，明功』者，言有孚在道皆明哲之功也。蓋明哲則知心不可欺而內竭其誠，知事不可苟而外合於道，所以无咎也。」

〔註70〕潘士藻《讀易述》卷四《隨》：「賀卿曰：『斯地也，斯時也，惟有孚可以感人，惟在道可以持己。孚以感人，則覬覦之心息；道以持己，則朋比之念消。此非苟且以遷就事機者所能，以其明也。如此則隨者不厭其多，獲者不傷其正，夫何咎也？非明，難矣哉！』」

九五：孚於嘉，吉。

《象》曰：「孚於嘉，吉」，位正中也。

「上雖為說主，而巽兌之主常在中爻，故以五為主。」〔註71〕沈氏曰〔註72〕：「隨者，從人之義。初從二，二從三，三從四，四從五，雖得失異狀，其比周均也。九五陽剛中正，為隨之主，豈宜示人以私哉？故不言隨而云『孚於嘉，吉』，意謂惟善是信，不問其為誰，然後為王者大公之道。」

上六：拘係之，乃從維之。王用亨於西山。

《象》曰：「拘係之」，上窮也。

郭相奎曰〔註73〕：「程、朱云：『居隨之極，隨之固結而不可解。』〔註74〕於『上窮』字難說。鄒氏〔註75〕以為此文王居羑里之象，拘繫維繫屬紂，則上之困窮可知。」曰「亨於西山」，取其謹守侯度，不越祭也。鄭申甫曰〔註76〕：「昔者魯侯從周之心不固，則僭郊僭禘矣；秦伯尊王之志不堅，則僭西畤鄜時祀上帝矣；季氏事魯之心既懈，則歌雍舞佾旅泰山矣。文王身蒙大難，恪守侯度，惟修亨祀於西山，此臣之隨君，固結而不可解者，故周公假借為上六之象。」附錄。

吳因之曰〔註77〕：「隨人之道，正與孚盡之矣。其始也，當擇而後隨，不可不正。其既也，當以心相隨，不可不孚。觀初、二、三見從正之義，觀四、五、上見孚誠之意。」

焦弱侯曰〔註78〕：「初為內卦之主，不言隨。五居尊位，而受天下之隨；上居卦終，無可隨者；故皆不言隨。」

〔註71〕見錢士升《周易揆》卷三《隨》。

〔註72〕見沈一貫《易學》卷三《隨》。

〔註73〕郭子章（字相奎）《郭氏易解》卷三《隨》。（第64頁）

〔註74〕按：此朱熹《周易本義》卷二《隨》之語。程頤《伊川易傳》卷三《隨》：「上六以柔順而居隨之極，極乎隨者也。『拘係之』，謂隨之極，如拘持縻繫之。『乃從維之』，又從而維繫之也，謂隨之固結如此。」

〔註75〕查慎行《周易玩辭集解》卷三《隨》亦引郭相奎之說，稱「臨川鄒氏」。

〔註76〕見張振淵《周易說統》卷六《隨》。按：此指二十五卷本《周易說統》，十二卷本無。

〔註77〕見潘士藻《讀易述》卷四《隨》、張振淵《周易說統》卷三《隨》。

〔註78〕見焦竑《易筌》卷二《隨》。按：此說有所本。俞琰《周易集說》卷四《隨》，九五曰「初為內卦之主，故不言隨。五居尊位，而受天下之隨，故亦不言隨」；上六曰「上居隨極，無可隨者，故亦不言隨」。

《隨》之為卦，小卦也，於世則為隨俗，於己則為隨意，其究為無舵之舟，所以卦詞則必「元亨利貞」而後「无咎」，爻詞則於「官有渝」必「貞」而後「吉」，於「隨有獲」則雖正亦「凶」，六二、六三有所繫則有所失。五不言隨、不言係，但曰「孚於嘉，吉」，一味至誠，與聖賢相契，此隨之盡善盡美者也。所謂「元亨利貞，无咎」者如此。私記。

蠱☶ 巽下艮上

蠱：元亨，利涉大川。先甲三日，後甲三日。蠱，音古，腹中蟲也。《春秋傳》曰〔註79〕：皿蟲為蠱，晦淫之所生也。從蟲從皿。皿，盤盂之屬。

《彖》曰：蠱，剛上而柔下，巽而止，蠱。蠱，「元亨」而天下治也。「利涉大川」，往有事也。「先甲三日，後甲三日」，終則有始，天行也。

元晦曰〔註80〕：「蠱，壞極而有事也。其卦艮剛居上，巽柔居下，上下不交，下卑巽而上苟止，故其卦為蠱。」子瞻曰〔註81〕：「器久不用而蠱生，謂之蠱。人久宴溺而疾生，謂之蠱。天下久安無為而弊生，謂之蠱。《易》曰：蠱者，事也。夫蠱非事也，以天下為無事而不事事，則後將不勝事矣。器欲常用，體欲常勞，天下常欲事事，故曰『巽而止，蠱』。」朱康流曰〔註82〕：「惟不事事乃以生事，故還以有事治之。以蠱治蠱而蠱除。」故「治蠱曰蠱，猶治亂曰亂，治荒曰荒」〔註83〕。

按《本草》，蠱蟲為灰可治蠱毒，此醫家從治之法。

當蠱之時，文恬武熙，事事叢脞，欲從新整頓，真難措手。聖人成局在胸，說得如運掌之易，曰「元亨」，曰「天下治」。元者元氣，亨者亨通。蠱之所以為蠱，止是元氣萎敝，扞格不通，所以件件都壞。若是元亨，天下那有不治？這元亨不是坐嘯畫諾中來，要如涉大川，駕舟之具無不整飭，操舟之人無不強健，量其廣狹，度其淺深，衝風破浪，無躊躇顧盼之意，只便是元亨的作用，故不曰有功而曰「有事」。夫蠱所由來，非一朝一夕，蠱所以去，亦非

〔註79〕《左傳·昭公元年》：「趙孟曰：『何謂蠱？』對曰：『淫溺惑亂之所生也。於文，皿蟲為蠱。穀之飛亦為蠱。』」
〔註80〕見朱熹《周易本義》卷一《蠱》。
〔註81〕見蘇軾《東坡易傳》卷二《蠱》。
〔註82〕見朱朝瑛《讀易略記·蠱》。(《四庫全書存目叢書》經部第 24 冊，第 756 頁)
〔註83〕見陸振奇《易芥》卷三《蠱》(《四庫全書存目叢書》經部第 19 冊，第 298 頁)、李贄《九正易因·蠱》，稱「邵國賢曰」。

一朝一夕。聖人何言之易？易也，亂之終，治之始。有先甲，必有後甲，天運循環，一定不易，所以庸人束手之時，聖人看做絕好機會。孟子曰：「饑者易食，渴者易飲」，此實理實事，非泛泛氣數之說。私記。

陸君啟曰〔註84〕：「蠱之時異於他時，非補救可以支持，非約署所可振刷，直須全注精神，盡翻窩臼，做得大通，方可言治耳，故曰『元亨而天下治』。『而』字有力。」

凡釋經當以經為據。經之釋「先甲」、「後甲」曰：「終則有始，天行也。」蓋謂人當蠱壞之時，皆疑事不可為，精神意氣不復振作，聖人卻窺破造化機緘，窮則必變，剝則必復，亂之終，治之始，正是太平機括，令人鼓舞振作，有不容自己之意。宇宙在手，全憑只點消息。陸伯載曰〔註85〕：「日有六甲。先甲之三日，子寅辰也；後甲之三日，午申戌也。有子寅辰必有午申戌，終而始，始而終，精神無息不運。天之行也，造化之所以無敝也。」朱子「辛，新也。丁，丁也」〔註86〕之說，雖出於《月令》、《漢書》，但更新丁寧之義，俱經中所無。熊朋來納甲之說〔註87〕，益穿鑿矣。馬融曰〔註88〕：「十日之中惟稱甲者，甲為十日之首，蠱是造事之端，故舉初而明事始也。」

蘇子瞻曰〔註89〕：「《蠱》之與《巽》一也，而《巽》之所以不為《蠱》

〔註84〕見陸夢龍《易畧·蠱》。(《四庫全書存目叢書》經部第19冊，第482頁)

〔註85〕李贄《九正易因·蠱》：「陸伯載曰：『日有六甲，終而復始，如環無端。天之行也，造化之所以無敝也。』」

〔註86〕朱熹《周易本義》卷一《蠱》：「『甲』，日之始，事之端也。『先甲三日』，辛也。『後甲三日』，丁也。前事過中而將壞，則可自新為後事之端，而不使至於大壞。後事方始而尚新，然便當致其丁寧之意，以監前事之失，而不使至於速壞。」

〔註87〕熊朋來《五經說》卷一《易》：「或問《蠱》之先甲後甲。有以甲子戊申為先甲，午辰寅為後者；有以丁辛為甲，三日之先後者，《巽》之先庚後庚；有以庚午辰寅為先，庚子戊申為後者；有以丁癸為庚三日之先後者。不知《蠱》何取於甲，《巽》何取於庚也？曰：《蠱》、《隨》相伏。《蠱》之三陰，《隨》之三陽伏焉。《蠱》初爻變《大畜》，則內卦為乾，先甲也。至五爻變《无妄》，則外卦為乾，後甲也。《蠱》之《象傳》言『先甲』、『後甲』，曰『天行也』，所以言甲者，乾甲也。《巽》、《震》二卦亦相伏，所以言庚者，震庚也。又問乾甲震庚於納甲通矣。《蠱》之『先甲』、『後甲』於卦辭言之，巽之『先庚』、『後庚』於九五爻辭言之，何也？曰：蠱、隨反對，以卦之全體得乾，故言『先甲』、『後甲』於卦辭也。重巽伏震，先庚也。九五變，則三至五又互震，後庚也。周公因《蠱》之乾甲記《巽》之震庚。」

〔註88〕見李鼎祚《周易集解》卷五《蠱》。

〔註89〕見蘇軾《東坡易傳》卷二《蠱》。

者，有九五以干之，而《蠱》無是也。蓋陽生於子，盡於巳；陰生於午，盡於亥。陽為君子，君子為治。陰為小人，小人為亂。甲庚之先後，陰陽相反。『先甲三日』，子戌申也。申盡於巳，而陽盈矣。盈將生陰，治將生亂，故受之以『後甲』。『後甲三日』，午辰寅也。寅盡於亥，然後陰極而陽生，勢窮而後變，故曰『終則有始，天行也』。若夫庚之所後，甲之所先也，故『先庚三日』盡於亥，『後甲三日』盡於巳。先陰而後陽，先亂而後治，故曰『無初有終』。而特發其旨於九五爻，此天人所由分也〔註90〕。」

胡仲虎曰〔註91〕：「凡卦德當分內外先後。如《隨》則先動而後說，《歸妹》則先說而後動。《歸妹》之凶與《隨》反。《蠱》則內巽而外止，《漸》則內止而外巽，《漸》之吉與《蠱》反。」

《象》曰：山下有風，蠱。君子以振民育德。

張獻翼曰〔註92〕：「《小畜》，風行天上。《觀》，風行地上。《渙》，風行水上。囚所阻也，故曰行。今在山下，迴旋鬱滯，不能條暢，《蠱》之象也。蠱者，風之族也。蠱以風化，故字從蟲。」「『振民育德』，譬之良醫治病。『振』者，驅其外邪。『育』者，養其元氣。」〔註93〕

〔註90〕此二句，《東坡易傳》原作：「又特曰吉，不言之於《巽·象》，而言之於九五者，明此九五之功，非《巽》之功也。」

〔註91〕見胡炳文《周易本義通釋》卷十一《蠱》。

〔註92〕見張獻翼《讀易紀聞》卷二《蠱》。又見潘士藻《讀易述》卷四《蠱》。按：此說早見於俞琰《周易集說》卷十一《蠱》。

〔註93〕李贄《九正易因·蠱》：「王畿曰：『艮剛居上，巽柔居下，上亢而不能下濟，下卑而不能上承。止而巽，此所以成蠱也。君子治蠱有道。民心之蠱，以玩愒頹廢未知所振作耳。振者，鼓舞興起之意，故曰作新民。不徒條教之設，號令之申，蓋治其本也。譬之良醫治病，振者驅其外邪，育者養其元氣。風言振，山言育。』」

何楷《古周易訂詁》卷三《蠱》：「君子以之則，取其美。振民者，鼓舞興起之意。育德言於振民之後，乃是育民之德。譬良醫之治病，振者驅其外邪，育者善其元氣也。」

潘士藻《讀易述》卷四《蠱》：「君子治蠱有道。民心之蠱，以玩愒頹廢未知所振作耳。振者，鼓舞興起之意，故曰作新民。育德者，從民心之善根提撕而煦養之，以啟其自新之機。所以振之者，不徒條教之設，號令之申，蓋治其本也。譬之良醫之治病，振者驅其外邪，育者養其元氣也。」後張振淵《周易說統》卷三《蠱》引用，稱「潘雪松曰」。

初六：幹父之蠱，有子，考无咎，厲終吉。

《象》曰：「幹父之蠱」，意承考也。

六爻不發明成蠱之由，惟重治蠱之道。蠱者，前人已壞之緒，故諸爻皆有父母之象，明父養其疾，至子而發也。〔註94〕

巽為木。幹者，木之本。子者，一家之本。干蠱者，以身任事，而不敢避也。干蠱自身始，有恆有物，克勤克儉，向來偷惰驕滛之習，掃地更新，所謂「幹父之蠱」也。如此方為有子，不則與無子等耳。〔註95〕「有子，考无咎」，考，父歿之稱，言不遺羞於身後也。齊桓、晉文以一匡公子承累代敗壞之餘，尊周攘楚，許大事業，可謂「有子，考无咎」矣。私記。

厲是干蠱良法。操心危慮患深，少涉意氣，少不詳慎，動成愆尤。〔註96〕曰「終吉」者，干蠱之時，豈無得失毀譽？然能幹到底是好。張雨若曰〔註97〕：「聖人只要人干蠱，怕他以傷厥考為解，故曰『意承考』。推原他干蠱處一段苦心，何等深至，有難出諸口者。」

九二：幹母之蠱，不可貞。

《象》曰：「幹母之蠱」，得中道也。

初曰考，二曰母，是無父有母之孤子也。孤危寡特，既苦成立之惟艱。母道陰柔，所見或殊，尤覺展措之不易。此當委曲調停，上無矯拂之愆；事治業從，下得興家之理。記曰：「父有諍子」。父可諍，母不可諍。父可貞，母不可貞也。陳曲逆委蛇呂雉之朝，狄梁公幹旋武曌之亂，得中道矣。

潘去華曰〔註98〕：「幹父者須於當事之時，幹母者即在承歡之際，謂之『得中道』。」則所幹者純是慈祥愷悌，不容己之真情，非徒事之當而已。

何閩儒曰〔註99〕：「人子之道，三年無改。推無改之心，終身當諱。推不

〔註94〕潘士藻《讀易述》卷四《蠱》：「易道不重在發明成蠱之由，惟重治蠱之道。終始相承，則爻中所謂父母與子之象亦有著落，不必各爻另尋父母之象。蘇氏曰：『蠱之災，非一日之故也，必世而後見，故爻皆以父子言之，明父養其疾，至子而發也。』」蘇氏即蘇軾，說見《東坡易傳》卷二《蠱》。

〔註95〕潘士藻《讀易述》卷四《蠱》：「質卿曰：『人子能幹父蠱，方稱為有子，不然與無子同。有子，考始得无咎，不然未免有咎也。此人子始事，可以無憾。』」

〔註96〕接上一注：「然干蠱終非易。事少涉意氣，少不詳慎，動成愆尤，故『厲終吉』。」

〔註97〕見張振淵《周易說統》卷三《蠱》。

〔註98〕見潘士藻《讀易述》卷四《蠱》。

〔註99〕見何楷《古周易訂詁》卷三《蠱》。沈一貫《易學》卷三《蠱》亦載此說。沈一貫年輩早於何楷，《古周易訂詁》所言或係錄用沈一貫之說。

可無改之心，一日不可諱。父母之名，尚無出口，況於蠱乎？故舜有號泣於田耳，不敢於家；於旻天耳，不敢於人。子不如舜，蠱〔註100〕不可得而治矣。《易》之於人，孰不要之於貞？而曰『不可貞』，非謂可不貞也。可舉其凡，不可悉其目，難與世之狥形跡好功名者談也。」

張彥陵曰〔註101〕：「『不可貞』是幹母蠱良法。蓋事庸主與事英主不同。英主喜於有為，一轉頭便隨我做去。庸主極怕事，必委曲周旋，方克有濟。若直行己意，反啟彼畏難苟安之心，如何干蠱？」

九三：幹父之蠱，小有悔，無大咎。

《象》曰：「幹父之蠱」，終无咎也。

「悔以心言。九三過剛，更張措置之間，未免緩急失序，所以悔。咎以理言。」〔註102〕不陷君父於不義，何大咎之有？**林素庵曰**〔註103〕：「靈武自立疑於篡，而卒克復兩京。四皓入侍疑於逼，而卒羽翼太子。司馬君實佐哲宗，盡改新法，雖有以子改父之嫌，而卒成元祐之治。所謂『小有悔，無大咎』。」按：「《象》曰『終无咎』，果之也。果之使忠臣孝子之心，得精一自信焉。」〔註104〕「聖人於《蹇》二言『終無尤』，所以作天下之忠；於《蠱》三言『終无咎』，所以作天下之孝。」〔註105〕

〔註100〕「蠱」，《古周易訂詁》、《易學》均作「疾」。

〔註101〕見張振淵《周易說統》卷三《蠱》。

〔註102〕蔡清《易經蒙引》卷三上《蠱》：「悔以心言，咎以理言。」來知德《周易集注》卷四《蠱》：「悔以心言。悔者，因九三過剛，則干蠱之事，更張措置之間，未免先後緩急失其次序，所以悔也。咎以理言。然巽體得正，能制其剛，則其干蠱必非私意妄行矣，所以無大咎。」

〔註103〕林孕昌，字為磐，號素菴，晉江人。著有《易史》、《象解廣占》。李清馥《閩中理學淵源考》卷七十六有傳。
另有《素菴先生棲綠堂經史耦義》二十二卷，見《四庫全書存目叢書》子部第17冊，亦有講《易》文字。

〔註104〕焦竑《易筌》卷二《蠱》：「初『屬无咎』，三『終无咎』，汝吉曰：『果之也。果之使忠臣孝子之心，得精一自信焉。』」
潘士藻《讀易述》卷四「然孔子以其干蠱之功大，故直許之曰『終无咎』。汝吉曰：『終无咎，果之也。果之使忠臣孝子之心，得精一自信焉。』」
錢士升《周易揆》卷三《蠱》：「《象》曰『幹父之蠱，終无咎也』，九三重剛不中，巽究為躁，互震而動，正往有事之始。能幹父蠱，未免有小悔，而所全者大，故『無大咎』。《象》曰『終无咎』，果之也，使干蠱之子精一自信也。」不言係引用。

〔註105〕此語見查慎行《周易玩辭集解》卷三《蠱》，稱「程敬承曰」。按：程汝繼（字

《彖》言「利涉大川」，要人勇往直前，不避艱險。爻言「厲」、言「不可貞」、言「小有悔」，其難其慎，許多斟酌，蓋涉大川原有小心戒慎在。

胡仲虎曰〔註106〕：「干蠱之道，以剛柔相濟為尚。初六、六五柔而居剛，九二剛而居柔，皆可干蠱。不然，與其過柔而吝，不若過剛而悔。」

六四：裕父之蠱，往見吝。裕，從衣。

《象》曰：「裕父之蠱」，往未得也。

初之時，蠱猶未深，四非初比也，而以柔居柔，揖讓救焚，規行拯溺，以為吾苟不見其敗斯已矣，而不知往之必見吝也。〔註107〕彼其父子嬉嬉，如處堂之燕，自以為得也，夫子正之，曰如此而往，未可為得。得者，得乎親也。父陷不義，相視而笑，可為得親乎？私記。

朱康流曰〔註108〕：「平王之棄西京，肅宗之失河北，再興而不復振，皆裕蠱之類也。母蠱為柔。蠱，衰象也。父蠱為剛。蠱，亂象也。救衰者宜漸，救亂者宜急也。」

《補傳》云〔註109〕：「幹者，強而飭之。如木之有幹，而枝葉附焉者也。裕者，優而容之。如衣之饒裕，而襟帶寬焉者也。故父可以垂裕於後，子不可寬裕於先。」

六五：幹父之蠱，用譽。

《象》曰：「幹父」，「用譽」，承以德也。

五，德具剛柔。其干蠱也，不用諫諍，善則歸親，委曲稱頌，引之於道，為父者不覺入其彀中，所謂「幹父用譽」也。《象》推原之曰「承以德」，見所為「用譽」者，非徒在口舌之間，一片精誠，默默感動，非知名勇功可得而擬

敬承）《周易宗義》卷三《蠱》（《續修四庫全書》第14冊，第126頁）：「蓋聖人於《蹇》言『終無尤』，所以作天下之忠；於《蠱》言『終?咎』，所以作天下之孝。」另外，秦篤輝《易象通義》卷二《蠱》：「黃氏宗義曰：《蹇》六二言『終無尤』，所以作天下之忠；《蠱》九三言『終无咎』，所以作天下之孝。」

〔註106〕見胡炳文《周易本義通釋》卷一《蠱》。

〔註107〕胡炳文《周易本義通釋》卷一《蠱》：「以時言之，初六蠱猶未深，故但有子則考可以无咎。四之時，非初比也，而復寬裕以視之，蠱將日深矣，以斯而往，其見吝也固宜。」

〔註108〕見朱朝瑛《讀易略記·蠱》。（《四庫全書存目叢書》經部第24冊，第757頁）

〔註109〕不詳。

議者也。初但言意承考，不言所以承之者，此「承以德」，乃終承考之局。私記。

看來初、二兩爻是父歿母存，干蠱於父亡之後。三、四、五是父在而子為之干蠱，故曰「小有悔」，如撻之流血之類也。曰「往見吝」，往見其父也，父有過即子之罪，為人子不能諭父於道，見之豈不可羞？「用譽」者，父在故用譽。若父歿，則亦無譽可用矣。私記。

上九：不事王侯，高尚其事。
《象》曰：「不事王侯」，志可則也。

荀慈明曰〔註110〕：「年老事終，不當其位，艮體為止，故曰『不事王侯』。」

「上九在卦之終。事之蠱壞者，至六五而幹之畢矣。」〔註111〕「蠱未亨，則視國事猶家事。蠱既亨，則致國事而『高尚其事』。」〔註112〕「高尚其事」，非以高尚為事也。含和葆真，與造物遊，「其事」有出於經世之外者矣。「其事」二字有味。「艮為止，有『不事王侯』之象。一陽在五之上，有『高尚』之象。」〔註113〕

李子思曰〔註114〕：「君子當蠱之世，方事之興也，盡力以幹，操巽之權，而行其所當行。及事之休也，潔身以退，體艮之義而止，其所當止。」

李宏甫曰〔註115〕：「天下之蠱與一家同，治天下之蠱與治一家之蠱同，故六爻專言干蠱之事。雖所幹不同，無非以能幹為事，肯幹為賢，故幹父而危厲亦終吉，幹父而有悔亦終无咎。」

〔註110〕見李鼎祚《周易集解》卷五《蠱》。
〔註111〕胡廣《周易大全》卷七《蠱》：「誠齋楊氏曰：『上九在蠱之終。事之蠱壞者，至六五而幹之畢矣。此上九所以『高尚其事』也。』」按：《誠齋易傳》無此語。
〔註112〕趙汝楳《周易輯聞》卷二《蠱》：「蠱至上而亨，干蠱亦至上而止，功成身退，不事王侯，所尚之事足以高抗浮雲。蠱未亨，則視國事猶家事。蠱既亨，則致國事而高身事。」
〔註113〕潘士藻《讀易述》卷四《蠱》：「艮為止，有『不事王侯』之象。一陽在五之上，有『高尚其事』之象。」
〔註114〕見董真卿《周易會通》卷四《蠱》、胡廣《周易大全》卷七《蠱》、黃正憲《易象管窺》卷四《蠱》、姜寶《周易傳義補疑》卷三《蠱》。
〔註115〕李贄《九正易因·蠱》：「何故六爻專言干蠱，而以有子考无咎發之？初爻要以能幹為賢，不宜優游寬裕，以成就其蠱而。已故至幹父而危厲，乃身亦得終吉；幹父而有悔，乃心亦終无咎。」

武后時，徐有功為大理。武后刑法嚴酷，有功據理廷諍，後責之曰：「公比斷獄多失出，何也？」有功曰：「失出，人臣小過。好生，陛下大德。」此亦干蠱用譽之意也。私記補遺。

臨䷒ 兌下坤上

臨：元亨利貞，至於八月有凶。《說文》：「臨，監臨也。」楊止菴曰〔註116〕：「凡自此到彼曰臨，以上及下曰臨，進而陵逼乎物曰臨。」

《彖》曰：臨，剛浸而長。說而順，剛中而應。大亨以正，天之道也。「至於八月有凶」，消不久也。

臨者，監臨、臨涖之謂。大臨小，上臨下，皆謂之臨。初二大臨小，以德言也。三、四、五、上上臨下，以位言也。〔註117〕張彥陵曰〔註118〕：「《本義》以『陵逼』解『臨』，非君子真去陵逼小人。二陽浸長，正大之氣，如初出之日，光焰逼人，小人抵當不住，有陵逼之象。」

剛，謂二也。兌為澤，自下浸上，故曰「浸而長」。《臨》「剛浸而長」，《遯》「浸而長」，自《臨》而長為《泰》，自《遯》而長為《否》。〔註119〕《陰符經》：「天地之道浸，故陰陽相勝。」《列子》〔註120〕：「一氣不頓進，一形不頓消。」《說苑》〔註121〕：「江以逶迤故能永，山以陵遲故能高，學以積漸故能達，人以涵泳故能豪。」

「內兌為說，說則二陽之進也不逼。外坤為順，順則四陰之從也不逆。剛中則陽德方亨而不過。二、五正應，則剛柔合德而有為。此所謂『大亨以正，

〔註116〕見楊時喬（字宜遷，號止菴）《周易古今文全書》卷三《臨》。（《四庫全書存目叢書》經部第 8 冊，第 457 頁）

〔註117〕丁易東《周易象義》卷三《臨》：「又以卦義言之，以大臨小，初九、九二臨四陰者也。以爻位言之，以上臨下，六四、六五臨初九、九二者也。」朱震《漢上易傳》卷二《臨》：「以大臨小者，臨之道。以上臨下者，臨之位。」來知德《周易集注》卷五《臨》：「以大臨小者，初九、九二臨乎四陰也。以上臨下者，上三爻臨乎其下也。」潘士藻《讀易述》卷四《臨》：「二陽臨四陰，以大臨小，主德言也。四陰臨二陽，以上臨下，主位言也。」

〔註118〕見張振淵《周易說統》卷三《臨》。

〔註119〕王應麟《困學紀聞》卷一《易》：「《陰符經》云：『天地之道浸，故陰陽勝。』愚嘗讀《易》之《臨》曰『剛浸而長』，《遯》曰『浸而長』也。自《臨》而長為《泰》，自《遯》而長為《否》。浸者，漸也，聖人之戒深矣。」

〔註120〕見《列子‧天瑞第一》。

〔註121〕見何楷《古周易訂詁》卷三《臨》、焦竑《易筌》卷二《臨》。

天之道也』。」〔註122〕凡曰天行，以氣之必然言；曰天道，以理之當然言。

吳因之曰〔註123〕：「說個臨，便是光明正大氣象。若小人之消君子，人慾之消天理，其勢雖甚猖獗，卻不勝曖昧幽暗，閉覆涊忍，如何用得臨字？」

又曰〔註124〕：「二陽之臨，去二陰之遯正遠，聖人就向此處凜凜憂危。且一陽之復，三陽之泰，不言戒；四陽之壯，然後告以利貞。獨於此處指刻時日，訂以消亾，何也？君子當玄黃戰敗之餘，至復而剛反，其氣稍振，然如久病之後，一脈才延，閉關靜養，未思馳騁。及二陽浸長，向來許多不平之氣，最易發洩，便要做得乖張，弄到狼狽田地，故其詞危迫如此。」

「八月有凶」者，臨，建丑之月，至八月建酉為觀。《臨》為二陽之長，《觀》為二陽之消，少進一位即為《剝》，而陽之消不久矣」〔註125〕，故曰「有凶」。《本義》謂「自復一陽之月至遯二陰之月」為八月。李子思云〔註126〕：「八月言之於臨，則當自臨數，不當自複數，以觀次臨，則當數至觀，不應數至遯。臨、觀乃陰陽反對消長之常理，故以『八月有凶』為戒。」「有凶不必凶，而凶在其中也。」〔註127〕「聖人為戒，必於方盛之時。既衰而後，戒亦無及矣。」〔註128〕

〔註122〕錢士升《周易揆》卷三：「《陰符經》：『天地之道浸，故陰陽相勝。』《列子》云：『一氣不頓進，一形不頓消』，亦浸義也。《臨》曰『剛浸而長』，於上四柔有包涵徧覆之心，故《臨》。《遯》曰『浸而長』，於上四剛無竝立共存之理，故《遯》。『說而順』以內外二體言，『剛中而應』以二、五兩爻言。說則二陽之進也不逼，順則四陰之從也不逆，剛中則陽德方亨而不過，二、五正應則剛柔合德而有為，此《臨》之『大亨以正，乃天之道也』。」

〔註123〕不詳。

〔註124〕張振淵《周易說統》卷六《臨》：「吳因之曰：『二陽之臨，去二陰之遯正遠，聖人就向此處凜懍憂危，如可立待，何也？蓋君子當碩果既食之餘，玄黃戰敗之後，垂首喪氣，無聊不平，已非一日。至復亨剛反，其氣稍振，然如久病之後，一脈纏延，未思馳騁。及二陽浸長，勃勃方興，銳不可當，如出匣之太阿，向來許久不平之氣，最易向此處發洩，便要做得乖張狼狽田地，所以聖人慮之，不得不切，而其辭不得不危。』」按：此指二十五卷本《周易說統》，十二卷本無。

〔註125〕見趙汝楳《周易輯聞》卷二《臨》，又見潘士藻《讀易述》卷四《臨》。

〔註126〕見董真卿《周易會通》卷五《臨》、胡廣《周易大全》卷八《臨》、姜寶《周易傳義補疑》卷三《臨》、錢士升《周易揆》卷三《臨》。

〔註127〕見王安石《臨川集》卷六十三《易泛論》。潘士藻《讀易述》卷四《臨》：「有凶不必凶，而凶在其中也。有屬不必屬，而屬在其中也。有悔不必悔，而悔在其中也。」

〔註128〕見程頤《伊川易傳》卷三《臨》。

錢啟新曰〔註 129〕：「震剛浸長為兌，是剛長為柔，反若以長得消，故以『有凶』示戒。巽柔浸長為艮，是柔長為剛，有長而不失其正之義，故以『小利貞』示教。震、坎、艮，三剛周流，坤爻從初至上，皆不失其為剛。巽、離、兌，三柔周流，乾爻從初至上，皆不失其為柔。既無長象，寧有浸義？惟震長一剛為兌，巽長一柔為艮，剛柔相易，若從中積久漸漬得來，故皆曰浸。至於兌剛一長則為乾，聖人於《夬》曰『利有攸往』，曰『剛長乃終』；艮柔一長則為坤，聖人於《剝》曰『不利有攸往』，曰『小人長』。《夬》欲以乾終，《剝》期於順止。《夬》審所尚，《剝》本天行。皆聖人繫《易》之精意。」

《象》曰：澤上有地，臨。君子以教思無窮，容保民無疆。教從𡥈從攴。𡥈音交，與孝字異。攴音樸。樸作教刑也。《石經》從攵。

項平甫曰〔註 130〕：「澤上於地，人所防之澤陂堰是也。澤有時而決，其所容有限。地中有澤，自然之澤，鉅野、洞庭是也。澤無時而窮，其所容無限。」

兌口講習，坤體含弘。不徒曰教而曰「教思」，意思如兌澤之深。不徒曰保而曰「容保」，度量如坤土之厚。〔註 131〕

初九：咸臨，貞吉。

《象》曰：「咸臨，貞吉」，志行正也。

九二：咸臨，吉，無不利。

《象》曰：「咸臨，吉，無不利」，未順命也。

楊敬仲曰〔註 132〕：「卦辭言君子臨小人，《大象》言君臨民，六爻發上下彼此相臨之義。」

臨者，居高臨下之義也。今二陽在下，四陰在上，尊卑之分既殊，眾寡之勢又異，而謂之曰臨者，謂其日升川至，有不可遏之勢也。不徒曰臨而曰咸，咸者，感也，皆也。《春秋傳》「周公弔二叔之不咸」，咸者，和也。初二以德服人，非勢焰陵逼，此感之義也。不論應否，徧臨四陰，此皆之義也。皆感則和矣。初剛正，四柔正，兩正相臨，故曰「貞吉」。二剛中，五柔中，中

〔註 129〕見胡居仁《易像鈔》卷八。錢一本《像象管見》無此語。
〔註 130〕見項安世《周易玩辭》卷四《臨‧大象》。
〔註 131〕錢士升《周易揆》卷三《臨》：「兌口講習，坤體含弘。『教思無窮』者，澤之深。『容保無疆』者，地之厚。」
〔註 132〕見楊簡《楊氏易傳》卷八《臨》。

之視正，更覺沖和。上安下信，不獨其身之吉，而行之於世，亦無不利〔註133〕。初《象》曰「志行正」，當臨之初，志在行正，言坊行表，岩岩侃侃，自然人拜其下風。二《象》曰「未順命」，兩陽雖正，其勢終孤，四陰在上，其勢甚盛，密邇六三，貌合意離，坤德雖順，自聖人觀之，猶未順命於陽，故於陽長之時，即致防危之意，以補爻詞所不及。私記。

程《傳》〔註134〕：「『吉』者已然，如是故吉也。『無不利』者將然，於所施為，無不利也。」

六三：甘臨，無攸利。既憂之，无咎。

《象》曰：「甘臨」，位不當也。「既憂之」，咎不長也。

以柔說之資，據二陽之上，自知其位之不當，自疑夫二陽之見逼，挾兌說之行、甘諂之言，以取容而已。以說取容，既不為二陽所許。三陰以其求媚於陽，亦不以同類見收。內外兩失，故曰「無攸利」。無利則必有憂，聖人就憂之一念撥轉他。若曰既知所憂，則自有无咎之道，正不必以甘為臨耳。〔註135〕「甘臨無利」，見二陽之難說；「既憂无咎」，見二陽之易事。〔註136〕

吳氏曰〔註137〕：「處將盛時，少有說意，便是消局，故聖人先戒之以甘，又教之以憂。甘則何念不弛？憂則何念敢放？」兌，說也。「兌為口，坤為土，『土爰稼穡作甘』，兌口遇坤，故曰『甘臨』。」〔註138〕

六四：至臨，无咎。

《象》曰：「至臨，无咎」，位當也。

〔註133〕項安世《周易玩辭》卷四《臨·初九九二》：「此以中感，彼以中應，君安之，眾信之，故不獨其身之吉，而行之於世，亦無不利也。」
〔註134〕見程頤《伊川易傳》卷三《臨》。
〔註135〕張振淵《周易說統》卷三《臨》：「憂之一字，是聖人開示小人處。小人不得已而以甘為臨，其心惟憂不見容於君子也。今又曰無攸利，則小人之情窮矣，故持借他一之一念去撥轉他。若曰既知所憂，則自有无咎之道，正不必以甘為臨耳。」
〔註136〕項安世《周易玩辭》卷四《臨·六三》：「六三以甘媚臨而無攸利，見君子之難說也。既憂之无咎，又見君子之易事也」
〔註137〕此係化用吳桂森《周易像象述》卷三《臨》之說。其文曰：
臨之病全在三爻，剛說無心而正，柔說未免以情用，便落了歡娛私意之說，故曰「甘臨」。甘則何利之有？八月之消，其機皆在一甘。憂與甘正是對病之藥。纔甘便入逸樂，就成消局；纔憂便知戒謹，就成長局。故憂之可以補咎。凡兌三多言位不當，以柔居二剛之上為不宜也，非以柔居剛之謂。
〔註138〕此虞翻之說，見李鼎祚《周易集解》卷五《臨》。

至與敦相近而不同。〔註139〕敦，敦厚也。敦，大也。上位尊望重，覆庇諸爻，居心寬大，作事忠厚，此有大人之度者也。至，切至也，真至也。初、四相與，情真誼切，不以貴賤異態，不以生死異情，此有狷狹之性者也。與三之媚悅取容者，大是不同，故皆得无咎。私記。

「位當」有數義。與初正應，毫無比昵，一也。以柔居柔，得陰全氣，二也。居坤之下，是地最深之處，三也。下與兌接，地澤相比，四也。此「至臨」之象所由取。

位當位不當，固有成論。但聖人借指標目，各隨卦爻之義以為轉移，若拘守舊說，與一卦六爻之指了無關涉，則劒去久矣。私記。

六五：知臨，大君之宜，吉。

《象》曰：「大君之宜」，行中之謂也。

王輔嗣曰〔註140〕：「處於尊位，履得其中，不忌剛長，而以柔接，聰明者竭其視聽，才〔註141〕力者盡其謀，為『大君之宜』，如此而已。」

《中庸》曰：「聰明睿知，足以有臨。」吳起《論將》曰〔註142〕：知信仁勇嚴。凡臨民蒞眾，以知為第一。六五當臨之時，居君之位，百官萬民，俱望治於我，非洞悉事幾，深知民隱，何以副天下之瞻仰，故惟以知臨之，乃為「大君之宜」而吉。《象》曰所謂「大君之宜」者，不是以察為明，舞知御人〔註143〕，只是不剛不柔，行事得中乃宜。君宜，王壽考無疆耳。私記。

《臨》六五曰「知臨，大君之宜」，慮後世必有以苛察為知者，故曰「大君之宜，行中之謂也」。如《家人》上九曰「威如，吉」，慮後世必有以刻下為威者，故曰「威如之吉，反身之謂也」。〔註144〕「之謂」二字是點醒語。

〔註139〕魏濬《易義古象通》卷三《臨》：「至與敦何別？至是直到窮盡去處，竭其底裏，無復隱藏不盡之意。敦是積累而高厚中加厚，懇到之懷，有加無已。」
〔註140〕王《注》見《周易正義》卷四《臨》。
〔註141〕「才」，《周易正義》作「知」。
〔註142〕《吳子·論將》無此。按：《孫子·始計篇》：「將者，智、信、仁、勇、嚴也。」
〔註143〕《漢書》卷五十九《張湯傳》：「禹志在奉公孤立，而湯舞知以御人。」顏師古曰：「舞弄其智，制御它人也。」
〔註144〕項安世《周易玩辭》卷四《臨六五家人上九》：「《臨》六五曰『知臨，大君之宜』，後世必有以苛察為知者矣，故曰『大君之宜，行中之謂也』。言知在知人，使中正之賢得行其道，不在徧知也。《家人》上九曰『威如吉』，後世必有以刻下為威者矣，故曰『威如之吉，反身之謂也』。言威在自畏，不在威人也。夫子贊《易》，大抵如此，故謂之贊，謂之翼也。」

蘇子瞻曰〔註145〕:「見於未然之謂知。臨之時,陽未足以害陰,而其勢方銳;陰尚可以抗陽,而其勢方卻。苟以其未足以害我而不內,以吾尚足以抗之而不受,則陽將怒而攻陰。六五以柔居尊,而應二,方其未足而收之,故可使為吾用;方吾有餘而柔之,故可使懷。吾德此,所以為知也。天子以是服天下之強者則可,小人以是畜君子則不可,故曰『大君之宜,吉』。惟大君為宜用是也。大君以是行其中,小人以是行其邪。」附錄。

上六:敦臨,吉,无咎。

《象》曰:「敦臨」之吉,志在內也。

敦,厚也。坤之上畫,地之最厚處。天高而覆物,是以上臨下也。地以下承上,非臨也。而曰「敦臨」者,上六陰柔,有坤厚載物之德,在卦之上,不以尊高自矜;居卦之終,不以前後二念,凡事從寬,無分毫谿刻,所謂「豈弟君子,求福不回」者也,故曰「敦臨,吉」。長厚之人,或嫌其太寬,或憂其近弱。周公斷之以「无咎」,所以杜申、韓之口,而延堯、舜之脈,其培植深矣。《象》曰「志在內」,慈祥豈弟發於中心,非以呴呴為愛者。私記。

叔正曰〔註146〕:「兌終為說。『甘臨』者,小人之事。坤終為厚。『敦臨』者,君子之德。」以厚居,心未有不安者,故「敦復無悔」、「敦艮吉」、「敦臨吉」。

敦,《爾雅》云:丘一成曰敦丘。江東呼地高堆為敦。上居坤土之終,高地之象。

《詩》云〔註147〕:「如臨深淵,如臨于谷。」《書》曰〔註148〕:「予臨兆民,如朽索之馭六馬。」古人說到「臨」字,便有栗栗戒懼之意,故於剛長之際,而勤八月之戒,此臨之時義也。爻詞不論消長之勢,不立君子小人之目。初二曰「咸臨」,四、五、上曰「知臨」、「至臨」、「敦臨」,上下之間,惟以道義真情相對越,非徒無陵逼之勢,亦無比昵之私。《論語》「如見大賓,如承大祭」,是「臨」字注腳。若六三之「甘臨」,下臨上則諂,上臨下則每人而說,日亦不足矣。私記。

〔註145〕見蘇軾《東坡易傳》卷二《臨》。
〔註146〕見張元蒙(字叔正)《讀易纂》卷二《臨》。
〔註147〕見《詩經‧小雅‧小旻》。
〔註148〕見《尚書‧五子之歌》。

觀☵☷ 坤下巽上

觀：盥而不薦，有孚顒若。穀梁子：常事曰視，非常曰觀。有平去二音。音貫，示也。音官，視也。

《彖》曰：大觀在上，順而巽，中正以觀天下。「觀，盥而不薦，有孚顒若」，下觀而化也。觀，讀。天之神道，而四時不忒。聖人以神道設教，而天下服矣。「下觀」觀字平聲。餘俱去聲。

胡仲虎曰〔註149〕：「四陽之卦，名曰《大壯》，以陽之盛言也。則四陰豈可不以陰盛言？乃取二陽在上，為四陰所仰，發出神化示民。」一段絕好境界，令人耳目一新，聖人見解不同如此。《臨》、《觀》二卦皆二陽四陰，聖人只以陽為主。

「『大觀在上』，以位言。『順巽，中正』，以德言。」〔註150〕有位無德，不足以觀天下。有德無位，亦不足以觀天下。順者，心體和平。巽者，沉而不浮，潛而不露。所以養得到中正田地。蓋觀之為觀，中正而已。而神即寓於其中，故《彖詞》以廟祭一件描寫觀義，如俎豆之陳，歌舞之設。群一廟之上下，貴賤有次有則，此非觀天下者乎？而神則在主者，不薦之時可見。上之示人，下之仰上，惟此中正。若謂神道設教，而事涉瑰奇，理太玄妙，非聖人所以為觀於天下也。

胡仲虎曰：「諸家謂盥者祭之始，手酌鬱鬯於地，以求神之時也。夫酌鬱鬯以降神，灌也，非盥也。盥者，以盆水潔手也。又謂薦則誠意已散，不復如盥之時。夫盥未有不薦者，亦未有孝子之祭，至薦而誠意散者。祭必先盥。」〔註151〕「當盥之時，不以萬物易一誠。及薦獻多品之際，乃以一誠託萬物。」〔註152〕吳因之曰〔註153〕：「盥而不薦，有孚顒若，是觀字注解。將祭而盥、盥而尚未祭這時節，胸中是甚麼境界，凜然肅然，一毫妄念容著不得。」蓋蘊蓄憤盈，泄而不遽泄之時也。「不」字當作「未」字看。王《注》

〔註149〕見胡炳文《周易本義通釋》卷一《觀》。
〔註150〕胡一桂《易本義附錄纂疏》周易彖上傳第一：「徐氏曰：『『大剛』也，二剛在上下示眾柔，故曰『大觀在上』。『順巽』以卦德言。中正，五也。『大觀在上』以位言，『順巽中正』以德言。』」
〔註151〕見胡炳文《周易本義通釋》卷一《觀》。
〔註152〕楊萬里《誠齋易傳》卷六《觀》：「當盥酌必躬之初，不以萬物易一誠。及薦獻多品之後，乃以一誠託萬物。」
〔註153〕見潘士藻《讀易述》卷四《觀》。

〔註154〕：「王道之可觀者，莫盛於宗廟。」子瞻曰〔註155〕：「盥者以誠，薦者以味。《楚辭》云『思公子兮未敢言』，言則有何意味？」

「天之神道」上「觀」字，去聲宜少讀，下兩句正發明「觀」字之義。輔嗣曰〔註156〕：「觀之為道，不以形制使物，而以觀感化物者也。神則無形者也。不見天之使四時，而『四時不忒』，不見聖人使百姓，而百姓自服。」

顏應雷曰〔註157〕：「《淮南子》〔註158〕：『夫先知遠見，達視千里，才之隆也，而明主不以責於民。博聞強識，口詞辯給，智之美也，而明主不以求於下。矯世輕物，不污於俗，士之伉行也，而治世不以為民表。神機陰閉，奇賅無跡，人之絕伎也，而治世不以為民業。』蓋事涉離奇，非夫婦所知能者，聖王弗由也。聖王所以示天下者，不過耕食鑿飲日用平常之事而已，故曰『中正以觀天下』。即此便是『神道設教』。」

「自上示下曰觀，自下觀上曰觀。卦名去聲。」〔註159〕《爾雅》：闕謂之觀。魯兩觀是也。猶示教法於象魏，使萬民觀之也。六爻之觀，皆平聲。顒，《說文》云「頭大也」，《爾雅》云「顒顒，君德也」，《廣韻》云「顒，仰也」。曰「顒若」者，象大頭在上，為人所仰之意〔註160〕。

《象》曰：風行地上，觀。先王以省方觀民設教。

焦弱侯曰〔註161〕：「風行天下，人不見其跡也。風行地上，則所加者偃，所觸者動，夫人而見之矣。先王俯就其民而教之，其象如此。方與民屬坤，省之、觀之、教之屬巽。」

〔註154〕見《周易正義》卷四《觀》。
〔註155〕見蘇軾《東坡易傳》卷二《觀》。
〔註156〕王《注》見《周易正義》卷四《觀》。
〔註157〕不詳。
〔註158〕語見《淮南子·齊俗訓》。
〔註159〕宋·董楷《周易傳義附錄》卷六《觀》：「問觀觀之義。曰：自上示下曰觀，去聲。自下觀上曰觀。平聲。故卦名之觀去聲，而六爻之觀皆平聲。」
〔註160〕錢士升《周易揆》卷三《觀》：「顒，頭大也。大頭在上，為人所仰之意。」
〔註161〕見焦竑《易筌》卷二《觀》。按：此說早見項安世《周易玩辭》卷五《觀·風行地上》：「風行天上，人不見其跡也。風行地上，則所加者偃，所觸者動，夫人而見之矣。先王俯就其民而教示之，蓋如此。若《象》所謂『大觀在上』，則自以爻象言之，乃風化之本原，非此之謂也。《易》之《象》與《大象》取義不同。方與民屬地，省之觀之教之屬風。」

初六：童觀，小人无咎，君子吝。

《象》曰：「初六童觀」，小人道也。

六二：闚觀，利女貞。

《象》曰：「闚觀」，「女貞」，亦可醜也。

王景孟曰〔註162〕：「觀以遠陽為晦，近陽為明。」元晦曰〔註163〕：「卦以觀示為義，據九五為主也。爻以觀瞻為義，皆觀乎九五也。」

初六草野之臣，耕食鑿飲如兒童在天壤間，不識不知，小人道也。二與五正應，當聖作物睹之時，潔身獨善，無意天下後世，此巢、許之輩。見其偏而不見其全，如女子守身，但以不逾閾為正，大人君子恥而不為者也。一曰「吝」，一曰「醜」，聖人心事可知矣。「初位陽，童象。二位陰，女象。」〔註164〕私記。

六三：觀我生，進退。

《象》曰：「觀我生，進退」，未失道也。

「天下有道則見。」〔註165〕「大觀在上」，明是堯、舜之世。上度其君無可商者，特不知己之分量何如耳，故不必觀五，但觀我所生，而進退之道昭然矣。〔註166〕初、二，一於退者也。六四，一於進者也。三居下體之極，是可進之時；居上體之下，復是可退之際。〔註167〕故其詞如此。

〔註162〕見馮椅《厚齋易學》卷十三《觀》。原出王宗傳（字景孟）《童溪易傳》卷十《觀》，稱「觀以遠為晦，以近為明。」

〔註163〕見朱熹《周易本義》卷一《觀》。

〔註164〕馮椅《厚齋易學》卷十三《易輯傳第九·觀》：「案初位陽，故為童；二位陰，故為女。皆陰爻，故為幼稚之象。」何楷《古周易訂詁》卷三《觀》：「初、二皆陰，故皆取幼稚象。初位陽，故為童；二位陰，故為女。」

〔註165〕見《論語·泰伯第八》。

〔註166〕胡炳文《周易本義通釋》卷一《觀》：「三處上下之間，有進退之象。他卦三不中多不善，二居中多善。而《觀》以遠近取義，故如此。諸爻皆欲觀五，惟近者得之。六四最近，故可決於進。六三上下之間，可進可退之地，故不必觀五，但觀我所為，而為之進退。《本義》曰：『占者宜自審』，蓋當進退之際，惟當自審其所為何如耳。」

〔註167〕元·趙采《周易程朱傳義折衷》卷十一《觀》：「愚曰：生如『人之生也直』之『生』。我之所生者，人道之正也。三居上下之交，可進可退之際，當自觀我之平生，以卜自己之進退。我生而道全德備歟？其為『當今之世，捨我其誰』之孟子。我生而一善未備，其為『吾斯未能信』之漆雕開。雖一進一退之未決，而《象》以為『未失道』者，謂處三之能審也。」

人生出處，如夏葛冬裘，有何商議？六三徘徊於進退之間，有似觀望，失用舍行藏之道，夫子斷之曰「未失」，見出處大事不妨過慎也。私記。

張彥陵曰〔註168〕：「爻義重在進，所謂不可進則退者，蓋不敢苟且以赴功名之會也。退有退之道，當修其所以進。若但退而已，則退乃養拙之地，豈君子所以自處者哉？」

語曰〔註169〕：「人之生也直。」所謂生者，亦止此中正而已。中正，人之本心。蘇君禹曰〔註170〕：「人不失其本心則我生，失其本心則我死。我得其生，則與人並生。其進也，進之自我，非因時以為通。我失其生，則不能與人並生。其退也，退之自我，非因時以為塞。」吳草廬曰〔註171〕：「非內心自復，不能識我生。非本體嘗惺，不能觀我生。」

按：「我」字凡論全卦，皆以主爻為我。《蒙》九二、《小畜》六四、《頤》上九、《小過》六五、《中孚》九二是也。獨《需》三《鼎》二《解》三《旅》四及觀之六三、九五各自以本爻稱我，非一卦之事。〔註172〕

六四：觀國之光，利用賓於王。

《象》曰：「觀國之光」，尚賓也。

王輔嗣云〔註173〕：「觀之為義，以所見為美者也，故以近尊為尚。」子瞻曰〔註174〕：「進退之決在六三。至於四決不可退矣，故『利用賓於王』。」胡仲虎曰〔註175〕：「『國之光』即九五所謂『我生』也。在五自觀曰生，出於我者也。自四觀五曰光，達於國者也。」楊敬仲曰〔註176〕：「《象》意謂觀國家此等氣象，是尊賢禮士之國，非侮慢自賢之主，其宜作賓王家不必言矣。」

朱康流曰〔註177〕：「《觀》進於《否》而近於《剝》，反極其盛者，其立極在九五，其轉機在六四。四為眾陰之領袖，眾陰所視以進退也。處得其正，順

〔註168〕見張振淵《周易說統》卷三《觀》。

〔註169〕見《莊子·在宥》。

〔註170〕見蘇濬《生生篇·觀》。（《四庫全書存目叢書》經部第13冊，第42頁）

〔註171〕見張振淵《周易說統》卷三《觀》。

〔註172〕此一按語實節錄項安世《周易玩辭》卷五《觀·我》。

〔註173〕見王弼《周易略例·卦略》。

〔註174〕見蘇軾《東坡易傳》卷二《觀》。

〔註175〕見胡炳文《周易本義通釋》卷一《觀》。

〔註176〕楊簡《楊氏易傳》卷八《觀》：「《象》曰『尚賓也』者，明其國貴尚賓，賢可以進也；明其禮賢，國有道必尊賢禮士。」

〔註177〕朱朝瑛《讀易略記》未載此語。

而能入，比於九五，相得甚深，上布九五之德以照臨天下，下率眾陰之順以趨向一人，所以回否象於既往，而消剝運於將來也。」

九五：觀我生，君子无咎
《象》曰：「觀我生」，觀民也。

九五正「大觀在上」，「中正以觀天下」者，必我可觀，而後人觀之。欲為人觀，自觀而已。內視之謂明，返聽之謂聰。九五曰「觀我生」，何為我生？我之所從生，即中正而已，不求為聖人、為神人，但求為君子；不求有譽，但求无咎。无咎者，寡過之謂。聖人神道設教，不過使民寡過，此中正之道也。《象》申之曰「觀我生，觀民也」，匹夫不獲時予之辜，捨民更有何我？捨民生更有何生？上九至此，猶志未平。君相之間，望道未見，「視民如傷」之意，盤結於胸，此正不薦之孚，「下觀而化」者也。不然，所謂孚者何物也哉！宋杜鎬讌舉神道設教，苔真宗河洛之問，遂啟天書之誕。經學不明，誤人國家至此。私記。

李宏甫曰〔註178〕：「下之觀五者以天，而五之所觀即我。下之觀五者如神，而五之觀我即民。我生、民生無二無別，此所以不言而喻。下觀而化也，而觀者不一，化者不一。『童觀』、『闚觀』、『觀我』、『觀國』各隨分量為淺深，君子亦何與力之有！」

六三觀己以從人，九五觀人以修己。

上九：觀其生，君子无咎。
《象》曰：「觀其生」，志未平也。

「其生」指九五，觀之者上也。以剛陽極上之德，居不臣不仕之位，有法家拂士之象。五雖有已平之化，而上猶有未平之心，蓋君已堯、舜而恐未盡其道，民已被堯、舜之澤而恐未得其所。君子之上又有君子焉，寡過之後又有寡過焉。道無窮，學亦無窮也。初「童觀」，二「闚觀」，三「進退」，觀光者四一人而已，志安得平乎？

卓去病曰〔註179〕：「『觀我生』者，以我對人而言。『觀其生』即我亦忘矣。以我出於天地萬物之外，則志量無窮，而堯、舜猶病，故曰『志未平』。」

〔註178〕見李贄《九正易因·觀》。
〔註179〕見卓爾康《周易全書·觀》。（四庫全書存目叢書補編第90冊，第213頁）

《易簡錄》〔註180〕曰：「陽在下而成《臨》，在上而成《觀》，可見撐天柱地，皆二陽也。陽者，生生之理生便是天之神道，好生之德便是聖人之神道。」

此卦六爻列為三等。初、二，樂利之編氓。三、四，仕宦之君子。五、上，治世之大人。宇宙雖大，人物雖眾，此三者足以盡之矣。私記。

噬嗑 ䷔ 震下離上

噬嗑：亨。利用獄。《說文》：「噬，啗也，喙也。從口筮聲。」「嗑，咽也。從口盍聲。」《字書》：盍，器皿也。加口為口唇上下合之形。

《彖》曰：頤中有物，曰「噬嗑」。「噬嗑」而「亨」。剛柔分，動而明，雷電合而章。柔得中而上行，雖不當位，「利用獄」也。

朱元晦曰〔註181〕：「噬，齧也。嗑，合也。物有間者，齧之而後合也。為卦上下兩陽而中虛，頤之象也。九四一陽間於其中，頤中有物之象也。有間故不通。齧之而合，則亨通矣。」故曰「噬嗑而亨」。下文正噬嗑所以得亨處。

噬而後嗑者，謂噬而吐之，非噬而咽之。故噬嗑者，除間之卦也〔註182〕。除間之道，剛柔相濟，威明相兼。此卦剛柔中分，下動上明，下雷上電，治獄之善，種種備矣。治獄必有其主，五為卦主，柔得中而在上，雖以陰居陽，為「不當位」，然居上以寬為本，故「利用獄」。徐子與曰〔註183〕：「『剛柔分』，未噬之象。『動而明』，方噬之象。『雷電合而章』，已噬之象。猶噬物然，噬則頤分，嗑則頤合也。」

「獄與訟一也。自爭者而言謂之訟，自決者而言謂之獄。」〔註184〕金一所曰〔註185〕：「訟者，方爭而求辯，非剛中之君不能畏其志。獄則已斷而行

〔註180〕明·陳仁錫《無夢園遺集》卷二《義經易簡錄序》：「愚幼服庭趨，長承師訓，謹輯所聞，就正海內，共發孔子之憤。若曰立言，則愚豈敢。」或即此書。劉毓慶、張小敏編著《日本藏先秦兩漢文獻研究漢籍書目》（三晉出版社2012年版，第22頁）著錄此書，稱「蓬左文庫藏明萬曆年間神默齋刊本」，俟訪。《四庫全書存目叢書》經部第22冊收錄其《繫辭十篇書》十卷，係明神默齋刻本。
〔註181〕見朱熹《周易本義》卷一《噬嗑》。
〔註182〕方聞一《大易粹言》卷二十一《噬嗑》：「龜山楊氏曰：上麗而下動，一剛間之，頤中有物之象也。噬而嗑，則間去矣，故『噬嗑而亨』也。夫噬嗑者，除間之卦也。」
〔註183〕見俞琰《周易集說》卷十六《噬嗑》、胡廣《周易大全》卷八《噬嗑》。
〔註184〕見季本《易學四同》卷一《噬嗑》。
〔註185〕見金賁亨（字汝白，號一所）《學易記》卷二《噬嗑》。又見何楷《古周易訂詁》卷三《噬嗑》、黃正憲《易象管窺》卷五《噬嗑》。

刑，非柔中之君不能恤其情。」**楊敬仲曰**〔註186〕：「夫用威除間之際，人情多失之偏。今也剛柔明動，合而成章，不偏不亂，豈心思人力之所及哉？無思無為，感而遂通，如雷電合作，變化之神，中節之妙，不可度思，矧可射思，此大易之道也。」

《易》中三陰三陽之卦多矣，獨於此言「剛柔分」者，何也？聖人發揮卦蘊，各隨成卦之義以立言。於卦義無所取者，不復稱述。〔註187〕凡德體象變皆如此，不則不勝其煩瑣矣。私記。

「動與剛有別。剛者不姑息假貸，動者宜入即入，宜出即出，無猶豫淹滯之意。」〔註188〕敏捷之人，未必詳審，故曰「動而明」。

丘〔註189〕**行可曰**〔註190〕：「《噬嗑》乃《賁》之反對，皆頤中有物之象。而《賁》不言噬嗑者，《噬嗑》上止下動，則有噬而嗑之之象，《賁》上止而下不動，則無可嗑之理。」

石守道曰〔註191〕：「大凡柔則曰上行，剛則言來。柔下剛上，定體也。剛來如《訟》《无妄》《渙》等，九二剛體本在上而來下。上行如《晉》、《睽》、《鼎》、《噬嗑》等，六五柔體本在下，今居五位為上行。」

《象》曰：雷電，噬嗑。先王以明罰勑法。蔡邕《石經》、李鼎祚本皆作「電雷」。《琅邪代醉編》：勑字從束從攵。今從力，便於行草，又變束為來。

不言用罰，而言「明罰」，「明」者，辨別精審之意。明之於先，使人知所避。不言行法，而言「勑法」，「勑」者，整飭嚴警之意。勑之於初，使人知所畏。〔註192〕「明象電光，勑象雷威。罰者，一時所用之法。法者，平日所定之罰。」〔註193〕「『利用獄』是臨時，『明罰』是平日。與其有間而後治，不

〔註186〕見楊簡《楊氏易傳》卷八《噬嗑》。

〔註187〕董楷《周易傳義附錄》卷六《噬嗑》：「朱氏附錄：『問《易‧象傳》『剛柔分』者二：《噬嗑》、《節》也，何以言剛柔分？曰：據某觀之，只是三陰三陽之卦多。獨二卦言之，何也？曰：偶於此二卦言之。餘卦別有義。『剛柔分』，語意與日夜分同。』」

〔註188〕見張振淵《周易說統》卷四《噬嗑》，稱「吳因之曰」。

〔註189〕「丘」，四庫本作「邱」。

〔註190〕見胡廣《周易大全》卷八《噬嗑》。

〔註191〕見李衡《周易義海撮要》卷三《噬嗑》。

〔註192〕托名呂巖《呂子易說》卷上《噬嗑》：「不言用罰而言『明罰』，明之於先，使人知所避。不言行法而言『勑法』，勑之於初，使人知所畏。」

〔註193〕吳澄《易纂言》卷五《噬嗑》：「『先王以明罰勑法』，『明』者，辨別精審之

若未間而豫防也。」〔註194〕

初九：屨校滅趾，无咎。
《象》曰：「屨校滅趾」，不行也。

「此卦六爻，初、上無位，是繫獄者所犯之重輕二、三、四、五是治獄者所噬之難易。」〔註195〕「過始於微，而後至於著，罰始於薄，而後至於誅。」〔註196〕初在卦始，罪薄過小，又在卦下，故為「屨校滅趾」之象。「滅趾」則不行矣。『屨校』不懲，必至『何校』；『滅趾』不戒，必至『滅耳』。」〔註197〕「滅趾」、「滅鼻」、「滅耳」俱指囚言。初剛在下，致獄之根。〔註198〕中四爻皆治獄之官，二象獄正，三象士師，四象司寇，三訊無疑而後讞於王。王即六五也。〔註199〕

錢塞庵曰〔註200〕：初上俱強陽，猶訟之險健。初曰「无咎」，上曰「凶」

意；『勅』者，整飭嚴儆之意。明象電光，勅象雷威。罰者，一時所用之法；法者，平日所定之罰。」又見何楷《古周易訂詁》卷三《噬嗑》。

高攀龍《周易易簡說》卷一《噬嗑》：「罰者，一時所用之法；法者，平時所定之罰。雷電合章，則明勅至矣。」

曹學佺《周易可說》卷二《噬嗑》：「罰者，一時所用之法；法者，平日所定之罰。明者辨也，所以辨其輕重也；勅者正也，所以振勅法度也。明罰正所以勅法，一氣講下。」

來知德《周易集注》卷五《噬嗑》：「罰者，一時所用之法；法者，平日所定之罰。明者辨也，辨其輕重效電之明；勅者正也，正其國法效雷之威。明辨其墨、劓、荊、宮、大辟，以至流、宥、鞭、樸、金、贖之數者，正所以振勅法度，使人知所畏避也。」

錢士升《周易揆》卷三《噬嗑》：「噬嗑以去頤中之梗，雷電以去天地之梗，刑獄以去天下之梗。罰者，一時所用之法，明象電照也；法者，平日所定之罰，敕象雷威。」

〔註194〕潘士藻《讀易述》卷四《噬嗑》：「『利用獄』是臨時，『明罰勅法』是平日。與其有間而後治之，不若未間而豫防之。」

〔註195〕見錢士升《周易揆》卷三《噬嗑》。

〔註196〕王弼《注》，云：「凡過之所始，必始於微，而後至於著。罰之所始，必始於薄，而後至於誅。」

〔註197〕楊萬里《誠齋易傳》卷六《噬嗑》：「『屨校』不懲，必至『何校』而械其首。『滅趾』不誡，必至『滅耳』而獻其識。」

〔註198〕季本《易學四同》卷三《噬嗑》解六二《象辭》「噬膚滅鼻，乘剛也」，云：「剛指初九，以其為致獄之根也。」

〔註199〕郝敬《周易正解》卷七《噬嗑》：「凡獄以初訊為本，二象獄正，三象士師，四象司寇，五象王。三訊無疑，而後獻於王。」

〔註200〕見錢士升《周易揆》卷三《噬嗑》。

者，初為獄始，震動補過；上為獄成，怙終賊刑也。**錢啟新曰**〔註201〕：「『噬嗑，亨。利用獄』，只當下一步不敢妄動，將小罪小惡根芽盡情精讞，勿使漏遺，真是快刀利斧。必斷必絕，方稱利用妙手。」吾輩克己當如此。

《周官・掌囚》〔註202〕：「下罪桎。」桎，足械，亦曰校屨。校謂著校於足，如納屨然。

六二：噬膚滅鼻，无咎。《說文》：鼻，引氣自畀。故從自從畀。俗從白從畀，非。

《象》曰：「噬膚滅鼻」，乘剛也。

中四爻正當上下齒之際，故皆言「噬」。

「六二下乘罪人，象獄初詢。凡獄以初情為本。二中正而乘初剛。中正則得情為易，故比之『噬膚』。乘剛則治亂宜重，故加以『滅鼻』。」〔註203〕呂涇野雲〔註204〕：「去惡不嚴，是長奸也。克己不力，是習欲也。夫鼻者，胎之元，滅鼻則根株悉拔，於咎何有？《書》曰：『除惡務本。』」

馬云：「柔脆肥美曰膚。」〔註205〕《儀禮》有「豕膚」，《內則》有「麋膚」。凡獸肉無骨者皆曰膚。一曰膚者，豕腹之下柔軟無骨之肉。古禮：別實於一鼎曰膚鼎。〔註206〕

吳氏曰〔註207〕：「二陰柔，故取象於膚。又近初剛，初為頤之下齗。凡噬物者，下齗之動最有力。以至近能噬之剛，噬至柔易噬之物，一舉盡臠畧無留難，以至所噬之膚掩過噬者之鼻也。」附錄。

六三：噬腊肉，遇毒，小吝，无咎。肉，《說文》作肉，《石經》作肉。

《象》曰：「遇毒」，位不當也。

三在膚裏稱肉，離日暵之為腊肉。「肉因六柔取象，腊因三剛取象。六二以柔居柔，故象膚。六三以柔居剛，故象腊肉。」〔註208〕「腊肉」喻獄情之

〔註201〕見胡居仁《易像鈔》卷九。錢一本《像象管見》無此語。

〔註202〕《周禮・秋官司寇》：「掌囚掌守盜。賊凡囚者，上罪梏拳而桎，中罪桎梏，下罪梏。」此處作「下罪桎」，誤。

〔註203〕見錢士升《周易揆》卷三《噬嗑》。

〔註204〕見張振淵《周易說統》卷四《噬嗑》。

〔註205〕見陸德明《經典釋文》卷二《周易上經噬嗑傳第三》。

〔註206〕錢士升《周易揆》卷三《噬嗑》：「膚者，豕腹軟肉。古禮：別實於一鼎曰膚鼎。」

〔註207〕見吳澄《易纂言》卷一《噬嗑》。又見何楷《古周易訂詁》卷三《噬嗑》，不言係引用。

〔註208〕見胡炳文《周易本義通釋》卷一《噬嗑》。

難究。「遇毒」喻罪人之不服。二、三皆「无咎」，而三「小吝」者，中正不中正之分也。據爻例，三與上應，「遇毒」當指上九，而象歸諸「位不當」，此端本澄源之論。

「《說文》云：『毒者，厚也。』《五行志》：『厚味實臘毒。』注云：『味厚者為毒久。』」〔註209〕厚味為毒，此囚以賄賂相通之象，故曰「遇毒」。受其玷染，故「小吝」。無愧於心，故「无咎」。若鴆毒則不止小吝，亦安得无咎？私記。

胡仲虎曰〔註210〕：「臘肉肉藏骨，柔中有剛。六三柔居剛，故所噬如之。乾胏骨連肉，剛中有柔。九四剛居柔，故所噬如之。」何閩儒曰〔註211〕：「『臘』原作『昝』。上從炗，象肉之形；下從日，肉之晞於陽者也。其後假借為今昝之昝，乃於左畔加肉以別之。《周禮》：『臘人掌田獸之脯。』或獸或禽，全體乾之，通謂之臘。彼單稱為臘。此云臘肉，非指野物之乾者而言，乃豕肉受日之暵者。肉者，六之柔也。臘之則柔亦堅，位剛故也。若以六三為全體帶骨之臘，則與爻象不合。蓋六三、六五柔畫，爻詞並云肉，謂無骨者也。九四剛畫，不云肉而云胏，謂有骨者也。」據此而以臘肉為有骨，則與乾胏無異；以臘肉為無骨，則與乾肉無異。

九四：噬乾胏，得金矢。利艱貞，吉。胏，音子。《石經》從朿，今從宋。《石經》「吉」字旁添注大字。

《象》曰：「利艱貞，吉」，未光也。

此三訊之終，獄之上司寇者。以全體言，四剛，為一卦之間；以六爻言，四近君，又為除間之主。胏，肉之帶骨者，骨因九取象。離為乾卦，在離火

〔註209〕 見何楷《古周易訂詁》卷三《噬嗑》。
〔註210〕 見胡炳文《周易本義通釋》卷一《噬嗑》。
〔註211〕 見何楷《古周易訂詁》卷三《噬嗑》。
　　　　　按：先見吳澄《易纂言》卷一《噬嗑》。何楷引錄吳澄之說，未加注明。此處所引與《易纂言》句序略不同。《易纂言》曰：
　　　　　「臘」正作「昝」。上炗，象肉之形；下從日月之日，乾者也，其後假借為「今昔」之「昔」，乃於左畔加肉以別之，而為「臘肉」之「臘」，非字之正也。鼎實以兔之薨為臘鼎。田獵所獲野物，或獸或禽，全體乾之，通謂之臘。彼單稱為「臘」，此言「臘肉」，非指野物全體之乾者而言。蓋六三、六五二柔畫，爻辭並云「肉」，謂無骨者也；九四一剛畫，爻辭不云「肉」而云「胏」，謂有骨者也。若以六三為全體帶骨之臘，則與爻象不合。六三互坎之下畫，有離日在上，豕肉受日之暵者。「肉」者，六之柔也，臘之則柔亦堅矣，位剛故也。

之中，故四為乾**肺**，五為乾**肉**。金，實也，矢，直也。〔註212〕實而受誣，直而見枉者，能得其情，治獄之最善者也。程正叔曰〔註213〕：「九四剛而居柔。剛則傷于果，故戒以艱。柔則守不固，故戒以貞。」歸熙甫曰〔註214〕：「威明中正，治獄之道。『艱貞』、『貞厲』，治獄之心。」必「艱貞」而始得「吉」，故曰「未光」。聖人終不以治獄為善也。

丘〔註215〕行可曰〔註216〕：「《噬嗑》唯四、五兩爻能盡治獄之道。《彖》以五之柔為主，故『用獄』獨歸之；五爻以四之剛為主，故『貞吉』獨歸之。四主柔而言仁，為治獄之本；主剛而言威，為治獄之用也。」

焦弱侯曰〔註217〕：「《周禮》：『以兩造禁民訟，入束矢於朝，然後聽之，以兩劑禁民獄，入鈞金。三日乃致於朝，然後聽之。』矢百為束，銅三十斤為鈞金。入矢以自明其直，入金以自明其實。不實不直，則沒金矢於官，故曰禁訟小而獄大。四得金矢，蓋兼小大而理之。五，君也，非大獄不敢以聞。《書》所謂『罔攸兼』是也，故獨曰『得黃金』。蓋君臣之分如此。」◎九四陽德畫奇，故取象金矢。

六五：噬乾**肉**，得黃金。貞厲，无咎。

《象》曰：「貞厲，无咎」，得當也。

「六五柔中居尊，受成於四」〔註218〕，獄事至此已平允矣，故四與五俱言得乾**肉**者。「折**肉**披筋而燠之，似剛非剛，似柔非柔，以六居五之象。」〔註219〕黃，中色。不言矢者，金和而矢直，金利而矢殺。〔註220〕「執法之

〔註212〕錢士升《周易揆》卷三《噬嗑》：「此三訊之終，獄之上司寇者。乾肺，骨而又乾，堅之至者，以喻惡人，噬之而頤中之物不得為吾間矣。以全體言，九四為一卦之間。以六爻言，又為除間之主。卦言位，爻言才也。震為乾，金離為戈兵。金堅矢直，得金矢象。」

〔註213〕見程頤《伊川易傳》卷二《噬嗑》。

〔註214〕見張振淵《周易說統》卷四《噬嗑》。

〔註215〕「丘」，四庫本作「邱」。

〔註216〕見解蒙《易精蘊大義》卷四《噬嗑》，稱「先儒曰」。見何楷《古周易訂詁》卷三《噬嗑》，稱「邱行可曰」。

〔註217〕見焦竑《易筌》卷二《噬嗑》。

〔註218〕錢士升《周易揆》卷三《噬嗑》：「六五柔中居尊，受成於四，雖有強梗，其辭已服，噬乾肉之象。」

〔註219〕見董真卿《周易會通》卷五《噬嗑》，稱「林氏栗曰」。原出林栗《周易經傳集解》卷十一《噬嗑》。

〔註220〕郝敬《周易正解》卷七《噬嗑》：「黃，中象。二、五得中相應，出入平反皆

臣，以剛直為明允；祥刑之主，以柔中為欽恤；道固不同也。獄至王而生殺定，宥之不得，而後制刑，故惟「貞厲」為「无咎」。《彖》言『不當』，《象》曰『得當』，言位本不當，必『貞厲，无咎』而後『得當』也。《彖》以卦位言，此以爻德言。」〔註221〕「離初故未光，離終故不明，此離之中故『得當』。」〔註222〕「三不當位，故『遇毒』；四不得中，故『未光』；五柔中，猶曰『貞厲，无咎』；乃知治獄難矣。」〔註223〕錢塞庵曰〔註224〕：「用獄〔註225〕而取象於噬**肉**，傷人肌膚痛之也。」

貞，正也。刑當其罪謂之貞。四曰「艱貞」，艱在貞之前，其難其慎，惟恐不得其情，求合於貞也。五曰「貞厲」，厲在貞之後，情已得，罪已服，哀矜慘怛，不敢自謂貞也。下無冤民，不傷大和之氣，故曰「吉」。殺之三，宥之三，無愧於死者，故曰「无咎」。聖人下字謹嚴如此。

李一曰〔註226〕：「人臣之位卑，詘法易，執法之為難，故雖艱而利用貞。人主之勢尊，用刑易，恤刑之為難，故雖貞而利用厲。」李西溪曰〔註227〕：「九四以剛噬，六五以柔噬。以剛噬者，有司執法之公。以柔噬者，人君不忍之仁。」

臘之噬難於膚，**肺**難於臘。乾肉不若膚之易，而易於臘**肺**。其立言自有次序，其為間之大小、用刑之淺深，亦於各爻見之。〔註228〕

丘〔註229〕行可曰〔註230〕：「三柔爻皆用獄，而五最勝。五之位與二同，

適中。五得金而無矢。金和而矢直，金利而矢殺。大君所以平恕，異於司寇也。金矢皆離象。獄至五而生殺定，天子三宥不得，而後制刑，故其占為貞厲，雖刑无咎也。」

〔註221〕錢士升《周易揆》卷三《噬嗑》：「黃，中色，即《坤》之『黃中』。再索於乾，而成離者也。不言矢者，執法之臣以剛直為明允，祥刑之主以柔中為欽恤，道固不同也。獄至王而生殺定，宥之不得，而後制刑，故惟『貞厲』為『无咎』。《彖》言『不當位』，以卦位言。此云『得當』，以爻德言。」

〔註222〕見陳祖念《易用》卷二《噬嗑》。

〔註223〕見潘士藻《讀易述》卷四《噬嗑》，稱「石守道曰」。

〔註224〕見錢士升《周易揆》卷三《噬嗑》。

〔註225〕「獄」，《周易揆》作「刑」。

〔註226〕見張振淵《周易說統》卷四《噬嗑》，稱「李衷一曰」。

〔註227〕見李過（字季辨）《西溪易說》卷五《噬嗑》。

〔註228〕此一節見潘士藻《讀易述》卷四《噬嗑》，無「其立言自有次序」一句。

〔註229〕「丘」，四庫本作「邱」。

〔註230〕見胡廣《周易大全》卷八《噬嗑》。又見錢士升《周易揆》卷三《噬嗑》，未言係引用。

而五『噬乾肉』，二『噬膚』者，二以柔居柔而五以柔居剛，五才勝二也。五才與三同，而五『得黃金』，三『遇毒』者，三之柔不中，五之柔得中，五位勝三也。以六五之才之位，爻詞但『无咎』而不及九四之『吉』者，五柔又不如四剛也。」◎《字書》：「五金，黃為之長。」

上九：何校滅耳，凶。何，去聲。

《象》曰：「何校滅耳」，聰不明也。聰，《石經》作「聰」。

初曰「滅趾」，上曰「滅耳」，人身自下至上也。初震體，《象》曰「不行」；上離體，《象》曰「不明」。好動者必蹶，好察者必昏，此獲罪之根原也。「獄至四而成，至五而讞於王，至上而殺。」〔註231〕

《易》兩言「聰不明」。聰與明相近，聰而不明殊費詞說。看來聰是作聰之聰，小知小見，予智予雄，自以為聰，而於聖賢道理全不明白，此等人滔滔皆是，所謂納諸陷阱而不避者也。私記。

何，負也，謂負之於首。滅耳謂械加於首而沒其耳。凶則非徒滅耳而已。

吳氏曰〔註232〕：「噬嗑之道，日用飲食之道也。有一步不可輕舉之動焉，有一毫不可自昧之明焉。是以膚可噬，臘可噬，遇毒之害不可不防。雖噬而金矢得、黃金得，艱貞之屬不可或怠。寧為先事之禁，滅趾於方動之前，無為養成之惡，滅耳於不可救藥之地。此治身之道，即治天下亦此道。」

以噬為用獄，以膚臘肺肉為用獄之難易，此相沿之說也。予更有管見，備射覆之一。按：正叔云〔註233〕：「君臣父子親戚朋友之間，有離貳怨隙者，蓋讒邪間於其間，除去之則和合矣。故間隙者，天下之大害也。」予謂間而如骨鯁芒刺，人人吐棄之矣，夫亦何難？惟如臘肺之類，美悅可口，愈嚼愈有味，漸至肺腑，受其毒而藥石不能愈。蓋臘肺與菽粟不同，皮肉筋骨烹煉而成，醫家所忌。推諸事理，諂臣媚子冷言熱語入耳中心，君臣父子之間，不知不覺墮其術中。天下之間，孰大於是？故或噬之而「滅鼻」，或噬之而「遇毒」，或噬之而「得金矢」，或噬之而「得黃金」。「滅鼻」、「遇毒」，其害可言也。「得金矢」而為金矢所中，「得黃金」而為黃金所賣，其禍不可言也。非「艱貞」、「貞厲」，何以「吉」而「无咎」哉？金矢言其機鋒之迅利，黃金言其氣

〔註231〕見郝敬《周易正解》卷七《噬嗑》。
〔註232〕此一節見查慎行《周易玩辭集解》卷三《噬嗑》，稱「《像抄》曰」。
〔註233〕見程頤《伊川易傳》卷二《噬嗑》。

色之薰灼。王肅云〔註234〕：「金矢所以獲野獸，故食之而得其金矢。君子於味必思其毒，於事必備其難。」私記。

賁 ䷕ 離下艮上

賁：亨。小利有攸往。《說文》：「賁，飾也。從卉聲。從貝。」貝，海介蟲也。按：此蟲甲有文如錦，故為文飾之義。音貝。《石經》「小利」旁添注「貞」字。

《彖》曰：賁，亨。柔來而文剛，故「亨」。分剛上而文柔，故「小利有攸往」，天文也。文明以止，人文也。觀乎天文以察時變，觀乎人文以化成天下。《舉正》：「『小利有攸往』作『不利有攸往』」。「天文也」上，《舉正》及王弼本有「剛柔交錯」四字。

凡易柔為文，剛為質。柔畫耦，耦成文；剛畫奇，一而實，實為質也。「剛不得柔則不能亨，柔不附剛則不能有所往。」〔註235〕此卦下體本乾，柔來文其中而為離，質為主而文濟之，所以「亨」也；上體本坤，剛往文其上而為艮，文盛而質，以節其過，故「小利有攸往」。〔註236〕上句意在「來」字，下句意在「分」字。

胡仲虎曰〔註237〕：「柔來文剛，是以剛為主也。剛往文柔，必曰『分剛上而文柔』者，亦以剛為主也。蓋以一陰下而為離，則陰為陽之助而明於內；一陽上而為艮，則陽為陰之主而止於外；是皆以剛為主也。」

「天文」者，自然之謂。剛柔來往，非人所能致力，承上文而讚歎之，有無窮意味。增「剛柔交錯」四字，如嚼蠟矣。「止」者，限而不過之謂。人文燦然，倘不止於義禮，則流蕩淫靡，罔所底止。「以止」，「以」字最重，有挽回砥柱之力。在天文、人文不是泛論。就在卦上觀者，就卦而觀之也。「『天文』者，適中之謂。時有過文過質之變，故察之而施其補救。人文貴止，則惟止之而使文不得以滅質，方可化成天下。」〔註238〕

〔註234〕見徐堅《初學記》卷二十六《器物部・脯第十六》。
〔註235〕蘇軾《東坡易傳》卷三《賁》：「剛不得柔以濟之則不能亨，柔不附剛則不能有所往。故柔之文剛，剛者所以亨也；剛之文柔，柔者所以利往也。」
〔註236〕程頤《伊川易傳》卷三《賁》：「下體本乾，柔來文其中而為離；上體本坤，剛往文其上而為艮。」張振淵《周易說統》卷四《賁》：「賁者，飾也，專取剛柔交錯之義。以剛柔分文質者，剛之體一而實，柔之體二而虛也。賁雖尚文，然必以質為本。卦變『䷕』柔來文剛，則質為主而文濟之，得其宜矣。」
〔註237〕見胡炳文《周易本義通釋》卷十一《賁》。
〔註238〕見張振淵《周易說統》卷四《賁》，稱「唐凝菴曰」。

程正叔曰〔註239〕：「賁之象，取卦變，柔來文剛，剛上文柔之義。卦之變，皆自乾、坤。下離，本乾中爻變而成離；上艮，本坤上爻變而成艮。離在內，故曰『柔來』。艮在上，故云『剛上』。乾坤變而為六子，八卦重而六十四，皆由乾坤之變也。」

李衷一曰〔註240〕：「《賁》與《噬嗑》反對。『柔來』不言分，離仍是離，中耦不動也。『剛上』言分者，震反為艮，下畫奇移在上也。」〔註241〕

項平甫曰〔註242〕：「古人之於文，不敢一日離也。古之聖人，謂人之情不可以徑行也。使夫人而可以徑行，則將無所不至，是故因其辭遜之，節而為之文以飾之。其交也以禮，其合也以禮。百拜而飲，三辭而受，六禮而婚，所以飾其情而養其恥也。荀子不知而以為偽，晏氏不知而以為勞。戰國之君以為迂闊，西晉之士以為鄙俗。獨伏羲、文王、周公、孔子以為此天命之變，人倫之化，不可一日無也。故曰『觀乎天文，以察時變。觀乎人文，以化成天下。』今觀賁之六爻，無一爻凶咎，雖疑者亦終無尤，雖吝者亦終於有喜。聖人之貴文如此。若之何其以庸人之不便，訾經世之大防也哉？」

《象》曰：山下有火，賁。君子以明庶政，無敢折獄。

「《旅》，火在山上，『則不留獄』。此火在山下，『無敢折獄』。」〔註243〕「『明庶政』，明也。『無敢折獄』，止也。」〔註244〕

〔註239〕見程頤《伊川易傳》卷三《賁》。

〔註240〕張振淵《周易說統》卷七《賁》：「《賁》乃《噬嗑》之倒體。所謂「柔來文剛」者，只是《噬嗑》之離上倒入而在內也。六五之柔來居二，在初、三二陽之間，豈不是「柔來文剛」？所謂「分剛上而文柔」者，只是《噬嗑》之震下倒成艮而居上也。初九之剛上居上九，在四、五二陰之上，豈不是『剛上文柔』？『柔來』不言分，離反是離，中耦不動也。『剛上』言分者，震反是艮，下畫奇移在上也。以《離》卦傳參之自見。諸說紛紛，畢竟支離無據。」按：此指二十五卷本《周易說統》，十二卷本無。

〔註241〕不詳。章潢《周易象義》卷二《賁》：「《彖》曰賁，亨。柔來而文剛，故『亨』。分剛上而文柔，故『小利有攸往』。蓋《賁》與《噬嗑》相反，內卦六二之柔自《噬嗑》六五而來文，為離明諸內；外卦上九之剛自《噬嗑》初九而分上文柔，為艮止於外。剛柔錯綜，惟柔來文剛，則剛為質，故亨且內明也。分剛文柔，則柔為質，故『小利有攸往』，以外正也。」

〔註242〕見項安世《周易玩辭》卷五《賁·總論卦義》。

〔註243〕焦竑《易筌》卷二《賁》：「獄以求情，焉用文之？故《賁》『無敢折獄』。火在山上，『則不畱獄』；火在山下，『無敢折獄』。」

〔註244〕見蘇軾《東坡易傳》卷三《賁》。

　　錢塞庵曰〔註245〕：「賁者，文也。《書》云：『非佞折獄，惟良折獄。』凡獄之多冤，未有不起於文者，故鍛鏈曰文致，曰深文弄法，曰舞文，皆敢心誤之也。」

　　吳因之曰〔註246〕：「『罰蔽殷彝』則恐泥古而不通，『義刑義殺』又恐趨時而狥己。欲『不留如火』，或失之要囚；欲『服念旬時』，或妨於民業。欲伸必行之戒，恐非刑罰之教化；欲廣哀矜之意，多滋田稼之螟蝗。偏私之念易起，先入之見難融，一言之忤易傷，覆盆之照難徹。自非天下之至明，未有能無冤獄者。」

　　初九：賁其趾，捨車而徒。 車，鄭作「輿」，古惟遮韻，自漢以來，始有居音。
　　《象》曰：「捨車而徒」，義弗乘也。

　　內卦三爻，柔來文剛，二其主也。外卦三爻，剛上文柔，上其主也。二來文初，而初與四應。六二之文初，不受也。剛德明體，自賁於趾，「捨車而徒」之象。「捨車而徒」，正賁趾之處。「君子行義，必於在下之時、發足之處觀之。」〔註247〕初為一卦之始，曰「捨車而徒」，則所謂賁者可知矣。曰「義弗乘」，見非徒貧賤驕人，實以道義自持。天下文章，莫過道義。周聖瑞曰〔註248〕：「士君子處里閈間，於可以乘、可以無乘之時，角巾素履，安於徒步，以視致飾軒車、取憎人眼者，其文采不悠然自著乎？」

〔註245〕見錢士升《周易揆》卷三《賁》，無「賁者文也」。引文又見何楷《古周易訂詁》卷三《賁》，未言係引用，亦無「賁者文也」。此後時見引用，黎世序《河上易注》卷二《賁》、晏斯盛《易翼說》卷七《賁》均稱「何氏楷曰」，程廷祚《大易擇言》卷十二《賁》稱「何氏玄子曰」，強汝詝《周易集義》卷三《賁》稱「何氏曰」。另外，「賁者文也」見沈一貫《易學》卷三《賁》、黃道周《三易洞璣》卷四《文圖經上》。

〔註246〕不詳。

〔註247〕胡炳文《周易本義通釋》卷一《賁》：「《壯》初剛居剛而健體，故『壯於趾』；《賁》初剛居剛而明體，故『賁其趾』。《壯》初『壯於趾』，不安在下之分者也。《賁》初豈不見有互坎之車？迺捨之而徒步，能安在下之分者也。蓋易之義，所乘者在下而乘之者在上，初在下卦之下而無乘分也。然曰『賁其趾』，非徒安分，而已捨車之榮而徒行，是不以徒為辱，而自以義為榮也。是故君子行義，必於在下之時、發足之初觀之。」

〔註248〕張其淦《邵村學易》錄有「周聖瑞曰」六則。但《邵村學易》多引錄《周易玩辭困學記》，且不注出處，不足為據。

初畫在下，為趾。「壯於趾」、「鼎顛趾」、「履校滅趾」俱取初象。**胡仲虎**曰〔註249〕：「《壯》初剛居剛而健體，故『壯於趾』。《賁》，初剛居剛而明體，故『賁其趾』。」

六二：「賁其須。」須，從彡。俗從氵，誤。

《象》曰：「賁其須」，與上興也。

此所謂「柔來文剛」者。**輔嗣**曰〔註250〕：「得其位而無應，三亦無應，無應而比，近而相得者也。『須』之為物，上附者也。循其履以附於上，故曰『賁其須』也。」**顏師古**曰〔註251〕：「毛在頤曰鬚，在口曰髭，在頰曰髯。」**侯果**曰〔註252〕：「三至上，有頤體。二在頤下，須之象。」須者，丈夫所具。二以柔文剛，故曰「賁其須」。**焦弱侯**曰〔註253〕：「頂之有髮，口之有鬚，耳鼻之有毫，皆陰血之餘。柔之所以文剛者，非人力所為，乃自然之文也。」

唐凝庵以上謂上九，六二為文剛之主，上為文柔之主，二與上興起文明之盛，故曰「與上興」。〔註254〕此與輔嗣說異，於卦義合，而於「須」字義不合。

九三：賁如濡如，永貞吉。

《象》曰：「永貞」之吉，終莫之陵也。

九三以一剛介二柔之間，和合相潤，以成其文者也。〔註255〕「賁飾之盛，自生光彩；光彩之盛，則生潤澤。故曰「賁如濡如」。賁，懼其盛也。濡，懼

〔註249〕見胡炳文《周易本義通釋》卷一《賁》。

〔註250〕王《注》見《周易正義》卷四《賁》。

〔註251〕班固《漢書》卷一上《高帝紀》：「美鬚髯。」顏師古《注》：「在頤曰鬚，在頰曰髯。」

〔註252〕見李鼎祚《周易集解》卷五《賁》。

〔註253〕見焦竑《易筌》卷二《賁》。又見何楷《古周易訂詁》卷三《賁》，未言係引用。

〔註254〕唐鶴徵（號凝菴）《周易象義》卷二《賁》：「二為文剛之主，上為文柔之主，二主正相須之最切者也，故曰『須』。賁至於二，文明盛矣。二惟中正，知文之不可以過，故須上而與之俱興，不敢獨以文勝，則文質之相稱可知。」（《四庫全書存目叢書》經部第 10 冊，第 302 頁）

〔註255〕《周易注疏》卷四《賁》王弼注：「處下體之極，居得其位，與二相比，俱履其正，和合相潤，以成其文者也。既得其飾，又得其潤，故曰『賁如濡如』也。永保其貞，物莫之陵，故曰『永貞吉』也。」

其溺也。」〔註256〕文勝則僭下陵上，卑陵尊皆從此起。三惟貞正自守，不敢逾其短垣，則何陵之有？周禮存而魯安，周籍去而周衰。

「終」字與「永」字相應。

六四：賁如皤如，白馬翰如。匪寇，婚媾。
《象》曰：六四，當位疑也。「匪寇，婚媾」，終無尤也。

「三當賁道之隆，四當賁道之變。」〔註257〕文明艮止、剛柔交錯之際，一曰「賁如濡如」，一曰「賁如皤如」，一曰「終莫之陵」，一曰「終無尤」，味其語氣不甚相遠，則兩爻之義亦當相提而論。凡《易》以剛為質，以柔為文。九三以剛居剛，質也，而曰濡。濡者，潤澤也，謂以四之文自潤也。六四以柔居柔，文也，而曰皤如。皤者，樸素也，謂以三之質自裁也。大抵人情慕文而厭質，三以柔文剛，懼其文勝而史，故曰「永貞吉」，曰「終莫之陵」，欲三固守其質也。四以剛文柔，不慮其質勝而野，慮其以質為野也，故曰「匪寇，婚媾」，曰「終無尤」，欲四崇尚夫質也。聖人於文質之際軒輊如此。私記。

「當位疑」之說不一，曰當位則宜就位論。六四去離入艮，艮體篤實，以柔居柔。柔性浮華，故於文質之際，徘徊未決。既疑己之文未必盡非，又疑三之質失於太過。周公剖其疑團，曰「匪寇，婚媾」，言質之於文，非所以相拂，乃所以相成〔註258〕，如夫婦然，陰陽配合，彌見其美。夫子復叮嚀而告曰「終無尤」，言質到底好，到底無文勝之弊，所以挽回世道者極矣。私記。

四當文勝之後，須以質救之。〔註259〕其救之也，時刻不可緩，故曰「白

〔註256〕此係潘士藻之說，見《讀易述》卷四《賁》，又見張振淵《周易說統》卷四《賁》。
〔註257〕見項安世《周易玩辭》卷五《賁·六爻》。
〔註258〕張振淵《周易說統》卷四《賁》：「蘇紫溪曰：『（略）匪寇婚媾，言其非所以相拂，而乃所以相成也。』」按：原出蘇濬《生生篇·賁》。
〔註259〕呂巖《呂子易說》卷上《賁》：「賁者，飾也，聖人虞文之盛而為是說也。天下之事，固非文不行。然自質而趨文易，自文而返質難。聖人當文盛之時，不得不為末流之弊而先慮及於靡靡之失也。……蓋質勝之時，以文濟之；文勝之後，即以質救之。文以濟質，質不為陋，固文也；質以救文，雅道之中，文亦寓焉。能如是，則天人之蘊相符，『小利有攸往』也。」
曹學佺《周易可說》卷二《賁》：「『柔來而文剛』，是以剛為主也。剛往文柔，必曰『剛上文柔』者，亦以剛為主也。蓋一陰下而為離，則陰為陽之助，而明於內；一陽上而為艮，則陽為陰之主，而正於外。是知皆以剛為主也。柔來文剛，是當質勝之餘，而以文濟之。剛上文柔，是當文勝之餘，而以質救之。文以濟質，質不為陋，固文也。質以救文，文不為靡，亦文也。故亨、

馬翰如」。陸德明曰〔註260〕:「翰,馬舉頭高仰也。」《詩》云〔註261〕:「如飛如翰。」

焦弱侯曰〔註262〕:「『賁其趾』,如趨以采齊,行以肆夏,自成文理,不必以車為飾也。『賁其須』,如人之有鬚,天然之文,非待飾也。『濡如』,言其貌之悅澤,如《詩》『顏如渥丹』之『渥』也。『皤如』,言鬢之皤然。如《書》『皤皤良士』、班固詩『皤皤國老』,皆指鬢也。鬚在趾上,鬢在鬚上,皆以人身取象,不假外飾,質任自然之意。」

六五:賁於丘園,束帛戔戔。吝,終吉。
《象》曰:六五之吉,有喜也。

上九艮剛,為文柔之主,居卦外似丘園樂道之人。挽回氣運之權,畢竟歸之於五。五無正應於下,而與上比,屈萬乘而締布衣之交,一任惓誠,毫無致飾,有「賁於丘園,束帛戔戔」之象。「當賁飾之時,而儉嗇若此,於人情誠謂之吝。然任質則於事可久守,約則漸反於真,終歸於吉,吝何足惜乎?」〔註263〕《象》闡發其意中,曰「有喜」,言非徒愛財惜費,中心好之,無假外飾也。「有」者,有一種自得難以告人之處。

孔氏曰〔註264〕:「爻象無待士之文,此蓋普論為國之道,不尚華飾而貴儉約也。」京朝為華,丘園為質〔註265〕。

利,皆美詞。亨以心言,利以事言。」
潘士藻《讀易述》卷四《賁》:「吳因之曰:『柔來文剛,是當質勝之餘而以文濟之;剛上文柔,是當文勝之後而以質救之。文以濟質,質不為陋,固文也;質以救文,復還大雅,雅道之中,真文見焉,亦文也。故象傳並用文字。人情自質而趨於文也易,自文而反於質也難。人之喜文,如水就下,聖人一說到賁飾,便慮到末流之弊,便預為之隄防,故『亨』之下即斷之曰『小利有攸往』。」
〔註260〕見陸德明《經典釋文》卷二《易》。
〔註261〕見《詩經・大雅・常武》。
〔註262〕見焦竑《易筌》卷二《賁》。
〔註263〕見潘士藻《讀易述》卷四《賁》,又見張振淵《周易說統》卷四《賁》。
〔註264〕孔《疏》見《周易正義》卷四《賁》。
〔註265〕馮椅《厚齋易學》卷十五《易輯傳第十一・賁》:「案賢者高蹈丘園,蓋有堅持其操聘之不至者矣,故曰吝。然豈無以湯之幣聘,幡然而改者哉?故終吉。說者多惑於吝,謂陰為吝嗇,故以戔戔為狹少,束帛為薄禮,丘園為質素,皆不明易中悔吝之指者也。」

汪砥之曰〔註266〕：「聖人於文方盛即憂其終。爻三『終』字可見聖人之情。」

《子夏傳》云〔註267〕：「五匹為束，三玄二纁，象陰陽。」易就曰帛，五疋為束，每疋兩端卷至中為二端，一束十端。致書必以帛，豐則加玉。使命下賁丘園，但用束帛，無玉無庭實，恐以貨取罪賢者也。〔註268〕戔戔，剪裁分裂之狀，淺小之意。《子夏傳》「戔戔」作「殘殘」。《說文》云：「戔，從二戈。」「兵多則殘也」〔註269〕，言其狹小如殘帛，然艮為山、為小石、為徑路，丘園之象。

上九：白賁，无咎。

《象》曰：「白賁，无咎」，上得志也。

二與上皆為成卦主爻，然文明非止不可，則尤以上爻為主。

「賁極反本，復於無色」〔註270〕，故曰「白賁」、「賁如皤如」「賁白」猶二也白賁則白即賁矣。所謂「分剛上而文柔」者，此也；「文明以止」者，亦此也。「无咎」者，前此靡濫琢耗，而今可無也。一曰無忝於綱維世道之賁。吳因之曰〔註271〕：「人當馳騖紛華時，其中定有一點厭薄處，此是真心，此之謂志。」

徐進齋曰〔註272〕：「內三爻離體，以文明為賁。初賁趾，二賁須，三濡如，皆有所假飾也。外三爻艮體，以篤實為賁。四皤如，五丘園，上白賁，皆尚質素，無假外飾。故曰賁無色也。」

〔註266〕見汪邦柱（字砥之）《周易會通》卷四《賁》。《四庫全書存目叢書》經部第18冊，673頁。「爻三『終』字」，《周易會通》作「三『終莫之陵』、四『終無尤』、五『終吉』」。「終無尤」乃六四《象》，非爻辭。

〔註267〕見馮椅《厚齋易學》卷十四《賁》，稱「卜子夏曰」。

〔註268〕郝敬《周易正解》卷七《賁》：「禮：奉使致書必以帛，豐則加玉。使者升堂，親與主人授受。束帛無玉無庭實，所以謂戔戔者也。」

〔註269〕此為徐鍇注。

〔註270〕見朱熹《周易本義》第一《賁》。

〔註271〕見潘士藻《讀易述》卷四《賁》、張振淵《周易說統》卷四《賁》。

〔註272〕徐幾，字子與，號進齋，崇安人。陳道《弘治八閩通志》卷六十五《人物》有傳。《經義考》卷三十七著錄其《易輯》。此引文見熊良輔《周易本義集成》卷一《賁》。按：呂巖《呂子易說》卷上《賁》先有類似之說，云：「內三爻以文明為賁，而外三爻以篤實為賁。曰皤如、曰丘園、曰白賁，皆尚素也，故曰賁無色也。」

孔子占卦得賁，喟然而歎，子張曰：「師聞賁吉卦而歎之乎？」孔子曰：「賁非正色也。白當正白，黑當正黑。白玉不雕，寶珠不飾，夫賁何吉乎？」〔註273〕聖人之尚質也如此。

剝 ䷖ 坤下艮上

剝：不利有攸往。《說文》：「剝，裂也。從刀從彔。」彔，刻割也。彔亦聲。

《彖》曰：剝，剝也，柔變剛也。「不利有攸往」，小人長也。順而止之，觀象也。君子尚消息盈虛，天行也。

《夬》曰「剛決柔」，《剝》曰「柔變剛」。君子果斷，小人詭譎。君子之去小人，明白痛快，故曰「決」。小人之去君子，葽斐浸潤〔註274〕，日銷月鑠而不知，故曰「變」，變則天下盡為小人。見小人力量之大，亦見世道氣運之厄。

君子未嘗一日忘情於世，何事不宜往？況剝之時，正撥亂為治之際，而曰「不利有攸往」者，不是不肯，不是不能，只為一卦五陰，小人長的時節，任你滿腔熱血，滿懷經濟，通用不著，所以「不利有攸往」。《復》「利有攸往」，則曰「剛長」。《剝》「不利有攸往」則斥言「小人長」，惟恐君子之不警醒也。《復》曰「順行」，《剝》曰「順止」，坤順艮止。順者，弘裕之公心。止者，堅忍之大力。「解黨禍者，陳寔之臨；延唐祚者，方慶之對；皆『順而止之』，非逆而止之也。」〔註275〕「『消息盈虛』，皆以陽言。」〔註276〕「尚」者，尊而奉之，曰此「天行也」，敢分毫相悖哉！《剝》、《復》皆曰「天行」，原始要終，君子皆不以己與之，唯順天時行而已。

潘去華曰〔註277〕：「『順止』不徒隱身晦跡，一意推委。靜觀天行，為世

〔註273〕見《說苑・反質》。

〔註274〕呂巖《呂子易說》卷上《剝》：「夫剝之繼賁也，聖人豈無意乎？其為君子之慮患也深矣。蓋文盛則道窮，所以剝也。陽性為健，其去陰也決；陰性為柔，其侵陽也漸。故曰柔變剛也。邪之傾正，曲之撓直，葽斐浸潤，傷而不覺，是為變也。」

〔註275〕見楊萬里《誠齋易傳》卷七《剝》。「逆而止」，《誠齋易傳》作「逆而激」。

〔註276〕見錢士升《周易揆》卷四《剝》。

〔註277〕潘士藻《讀易述》卷四《剝》：「所謂『不利有攸往』者，不可往而大有為也。謹身晦跡，巽言衡命，不犯手，不觸時耳。『君子尚消息盈虛』，靜觀天行，為世道計，雖剝之時，猶隱約委蛇於小人之間，靜處事外，不輕攸往，存吾之身，以乘其衰而圖之。不然，何以順而止之哉？」

道計，為眾君子計，不犯手，不違時，寧耐委蛇於小人之間，靜以乘其間而圖之，正是尚消息盈虛之處。」若人不畏禍，天未厭亂，妄有舉動，「載胥及溺」而已。

張彥陵曰〔註278〕：「《彖》言『柔變剛』、『小人長』，釋卦名義已盡。復曰『順止』、曰『觀象』、曰『消息盈虛』、曰『天行』，娓娓不厭者，何也？聖人說到『剝』字，慘然不樂，惟恐君子於此一動意氣，一露鋒芒，並碩果亦無再生之望，故視止行遲，丁寧反覆如此。」

「剝，剝也」，上「剝」字主上九，以受剝者言；下「剝」字主五陰，以剝陽者言。〔註279〕

《象》曰：山附於地，剝。上以厚下安宅。

山附於地，頹塌傾陷，如梁山崩之類。《象》以厚薄上下取象，而不以陰陽消長為義〔註280〕。「下剝上者，成卦之義。上厚下者，治剝之道。」〔註281〕「厚下」，坤土之象。「安宅」，艮止之象。〔註282〕孔《疏》〔註283〕：「剝之為義，從下而起，故在上之人，當須豐厚於下。」子瞻曰〔註284〕：「身安而民與之，則剝者自衰，不與之較也。」

初六：剝牀以足，蔑貞凶。《六書正譌》：蔑，從苜戍聲。俗從冈從戊，誤。

《象》曰：「剝牀以足」，以滅下也。

〔註278〕張振淵《周易說統》卷四《剝》：「按此節揭是發明不利攸往之義。上文說柔變剛，則向之眾陽已盡變為陰，而陽道幾無以自立於天下矣。此時小人長，不利有攸往說盡矣，又轉在卦德上去，謂君子亦須觀象而攸往，又轉到天行上去，只是文分要他順止，故復申解一番，要在言外看出丁寧之意。大袛聖人一說到『剝』字，便慘然不安。苟可為君子謀者，無所不至，故其辭氣如此。」

〔註279〕見張振淵《周易說統》卷四《剝》，無「剝，剝也」。

〔註280〕馮椅《厚齋易學》卷十五《易輯傳第十一·剝》：「案以上下厚薄取象，而不以陰陽消長為義，此聖人用卦之微權也。」

〔註281〕胡廣《周易大全》卷九《剝》：「節齋蔡氏曰：『卦以下剝上取義，乃小人剝君子也。象以上厚下取義，乃人君厚生民也。下剝上者，成剝之義。上厚下者，治剝之道也。』」

〔註282〕胡炳文《周易本義通釋》卷三《象上傳·剝》：「『厚下』，坤地象；『安宅』，艮止象。」

〔註283〕見《周易正義》卷五《剝》。

〔註284〕見蘇軾《東坡易傳》卷三《剝》。

剝是五陰剝陽，而爻詞則以陽受剝為義，易法如此。「人以牀為安，牀以足為安。」〔註285〕小人之剝君子，不遽肆屠戮，但多方搖撼，使之寢處不便，夢寐不寧，不得一日安於朝廷之上，而後正氣全無，化為鬼蜮，故「蔑貞凶」。「貞」者，天人之大命也，而蔑之有不凶乎？凶則君子小人同歸於盡，蠹蟲食木，木盡而蟲亦亡。「兩爻重言之者，傷之深，戒之切也。」〔註286〕私記。

顏應雷曰〔註287〕：「牀在人下，足又在牀下，剝自下起。《詩》稱『楊園之道，倚於畝丘』。小人慾害君子，每自微者始。趙高欲奪秦權，因小臣正先非刺高殺之，而後誅戮肆行。王鳳擅漢，使尚書劾奏京兆下獄死，而後專行無忌。剝牀以足，猶云剝牀之足云爾。用以字，見小人作用處。」

剝一陽在上，五陰在下，有牀之象。蔑與滅字不同。蔑，蔑視也，藐然若無之意。滅，消滅也，必磨滅殆盡而後已。輔嗣曰〔註288〕：「蔑猶削也。」仲達曰〔註289〕：「蔑謂微蔑。」吳幼清曰〔註290〕：「削竹者曰蔑。」

六二：剝牀以辨，蔑貞凶。

《象》曰：「剝牀以辨」，未有與也。

孔安國曰〔註291〕：「辨者，牀之幹。」〔註292〕謂牀之下、足之上分辨處也。因象求理，國事之是非、人品之邪正，全要分別明白，然後天清日明，君子可展其手足。小人變亂是非，混淆邪正，令人無所適從，而後紀綱法度蕩然殆盡，此小人絕妙作用。《象》申之曰「未有與」，此卦一陽在上，勢孤援寡；五陰在下，成群結黨，眾口鑠金，群輕折軸。君子無開口處，天下事可知矣。私記。

丘〔註293〕**行可曰**〔註294〕：「凡陰陽相應為有與。《困》九四應初六，言

〔註285〕分見焦竑《易筌》卷二《剝》、潘士藻《讀易述》卷四《剝》。

〔註286〕見何楷《古周易訂詁》卷三《剝》。

〔註287〕不詳。

〔註288〕王《注》見《周易正義》卷五《剝》。

〔註289〕孔《疏》見《周易正義》卷五《剝》。

〔註290〕元・吳澄《易纂言》卷一《剝》：「陸氏曰：『蔑猶削也，楚俗有削蔑之言。』」
　　　　按：原見唐・陸德明《經典釋文》卷二《易》。

〔註291〕不詳。

〔註292〕程頤《伊川易傳》卷二《剝》：「辨，分隔上下者，牀之幹也。」

〔註293〕「丘」，四庫本作「邱」。

〔註294〕見吳澄《易纂言》卷五《剝》。

『有與』。陰陽不應為無與。《井》九二不應九五，言『無與』。《咸》六爻皆應，則謂『感應以相與』。《艮》六爻皆不應，則謂『敵應，不相與』。此言『未有與』者，言當剝之時，在上未有以應，陰無以止陰之進也。」

六三：剝之无咎。

《象》曰：「剝之无咎」，失上下也。

「群陰剝陽，三獨與上應，雖處於剝，可以无咎。上下各有二陰，應陽則『失上下』。」〔註295〕郭相奎曰〔註296〕：「『剝之无咎』，謂《剝》卦之无咎，惟此六三也。」「三以『失上下』而『无咎』，猶《坤》以『喪朋』而『有慶』。」〔註297〕

三應上，不言其得，而言其失，蓋群陰得志之際，俱以比周黨惡為事，故聖人言三之「无咎」，正以其「失上下」為美，所以破一時人情之惑也。

袁機仲曰〔註298〕：「剝以近陽者為善，應陽者次之。近陽者，六五是也，故『無不利』。應陽者，此爻是也，故『无咎』。」

六四：剝牀以膚，凶。

《象》曰：「剝牀以膚」，切近災也。

崔憬謂「膚，薦席也」〔註299〕。剝牀及膚，故曰「切近災」。若謂體膚之膚，豈止切近而已？是時貞之名號不存，蔑之慘毒亦不必言矣，故直曰「凶」，蓋咎君子去之不早也〔註300〕。

六五：貫魚以宮人寵，無不利。

《象》曰：「以宮人寵」，終無尤也。

〔註295〕王弼《注》，見《周易正義》卷五《剝》。

〔註296〕郭子章（字相奎）《郭氏易解》卷五《剝》。（第74頁）

〔註297〕見趙汝楳《周易輯聞》卷三《剝》。又見焦竑《易筌》卷二《剝》、何楷《古周易訂詁》卷三《剝》、潘士藻《讀易述》卷四《剝》、張振淵《周易說統》卷四《剝》，《易筌》、《古周易訂詁》不言係引用。

〔註298〕見來知德《周易集注》卷五《剝》，未言係引用。

〔註299〕見何楷《古周易訂詁》卷三《剝》、胡居仁《易像鈔》卷九《剝》、焦竑《易筌》卷二《剝》、潘士藻《讀易述》卷四《剝》、熊過《周易象旨決錄》卷二《剝》。

〔註300〕張振淵《周易說統》卷四《剝》：「禍已及身，切而且近，此是咎君子去之不早的意思。」

剝至四凶矣，過此非聖人所忍言，故別設一義，以開小人遷善之門。若曰與其剝陽而至於凶，孰若承陽之為利哉？〔註301〕「魚與宮人，陰類。『貫』，以柔制之也。『寵』，以愛御之也。」〔註302〕「五統群陰，如后統眾妾。眾陰戴陽，如后以眾妾進御於王，而獲寵愛之象。」〔註303〕「無不利」，猶言無害，蓋深慰之也。《象》言非徒無害，抑且「終無尤」，始而剝陽則有尤，終而承陽則無尤矣，所以「破小人之疑情，示君子之弘量」〔註304〕。

劉元炳曰〔註305〕：「五雖承陽，而於陰為極盛。即以為宮人，而陽微於外，陰盛於內，何利之有？詳觀此爻，全重在艮艮有止義。二陰方長，而艮以陽剛止於其上，以尊馭卑，以剛御柔，防微之道尊，閑邪之力大，下之不嫌於群陰，上之不疑於尊位，故曰『無不利』。」

朱康流曰〔註306〕：「剝至於五已極矣，而一陽止於其上，屹然不可動搖，五不能復有所往，反率群陰以媚於陽，蓋勢盛則作威，計窮則效歎，陰柔之性然也。『無不利』者，上九之功，非六五之能。而聖人因以為五勸，故隱其剝陽之惡，而著其從陽之善，以改過為五之利也。如不恃陽之有以制陰，而徒望陰之從陽，豈可得哉？」

子瞻曰〔註307〕：「四以下，貫魚之象也。自上及下，施寵均則勢分，勢分則害淺。以宮人之寵寵之，不及以政也。不及以政，豈惟自安，亦以安之，

〔註301〕錢士升《周易揆》卷四《剝》：「剝至四凶矣，過此非聖人所忍言，故特發此義於六五。若曰與其剝陽而至於凶，孰若以次承陽之為利哉？」張振淵《周易說統》卷四《剝》：「陸庸成曰：『剝至於五極矣。並剝之一字，聖人亦不忍言，而別取一義，以為存陽之計。曰『寵』、曰『無不利』，聖人以暗為君子之心，託明為小人之策也。』」

〔註302〕潘士藻《讀易述》卷四《剝》、張振淵《周易說統》卷四《剝》：「敬仲曰：魚、宮人，皆小人之象。貫，以柔制之也。寵，以愛御之也。皆『順而止之』之道。」楊簡《楊氏易傳》卷九《剝》原作：「魚，陰類。宮人，亦陰類。皆小人之象。『貫魚』，以柔制之也。『以宮人寵』，寵愛之如宮人也。皆『順而止』之道。」

〔註303〕見吳澄《易纂言》卷一《剝》。又見胡廣《周易大全》卷九《剝》、何楷《古周易訂詁》卷三《剝》，《古周易訂詁》不言係引用。

〔註304〕張振淵《周易說統》卷四《剝》：「陸庸成曰：『終無尤，何也？破小人之疑情，示君子之宏量，所以深誘之也。』」

〔註305〕不詳。

〔註306〕見朱朝瑛《讀易略記·剝》。（《四庫全書存目叢書》經部第24冊，第764頁）

〔註307〕見蘇軾《東坡易傳》卷三《剝》。

故『無不利』。聖人之教人也，容其或有，而去其太甚。如責之以必無，則彼有不從而已矣。」

焦弱侯曰〔註308〕：「三力小，僅能以身應上，不免失其上下。五位尊，其力大，乃能率群陰以聽於陽。此『无咎』與『無不利』所以分也。」

張彥陵曰〔註309〕：「此堅小人從正之念也。小人不知義理，只知利害，聖人分剖利害兩塗，以示趨避。若曰如彼則凶則咎則剝廬，如此則无咎則無不利則終無尤，變化小人之術全在於此。」

丘行可曰〔註310〕：「《遯》、《剝》皆陰長之卦。《遯》陰猶微，故九三言制陰之道，曰『畜臣妾，吉』。《剝》陰已極，故六五言陰從陽之道，曰『以宮人寵』。畜陰之權在陽，則告陽以制陰。剝陽之權在陰，則教陰以從陽。」胡庭芳曰：「聖人於《觀》四取觀光之義，於《剝》五又取統率群陰之義」，其扶抑如此。〔註311〕

六五下統群陰，「駢頭相次，『貫魚』之象」〔註312〕。

上九：碩果不食，君子得輿，小人剝廬。

《象》曰：「君子得輿」，民所載也。「小人剝廬」，終不可用也。

焦弱侯曰〔註313〕：「眾木搖落，一果獨留，食之則斷絕其種，故不曰未食，而曰『不食』。蓋天意所在，人不得而食之也。召平、董公、魯兩生、四皓之流，士不以秦而賤也。伏生、浮丘伯之徒，經不以秦而亡也。萬石君之家，俗不以秦而變也。」質庵曰〔註314〕：「龍蛇蟄而身不死，草木落而根不枯，人心旦晝牿而夜氣不息，故天地之心見於《復》，而已存於《剝》。」

聖人於「碩果不食」下特書「君子」、「小人」兩來之語，情詞最苦。當此群小充塞之際，尚有一老巋然獨存，正如萬木蕭條而一果高懸，見者驚歎，

〔註308〕見焦竑《易筌》卷二《剝》。
〔註309〕見張振淵《周易說統》卷四《剝》，未言係引用。
〔註310〕見熊良輔《周易本義集成》卷一《剝》、何楷《古周易訂詁》卷三《剝》、胡廣《周易大全》卷九《剝》、錢士升《周易揆》卷四《剝》。
〔註311〕何楷《古周易訂詁》卷三《剝》：「胡庭芳云：『聖人於《觀》四別取觀國之光義，而於《剝》五又取率羣陰以受制於陽為利焉』，其扶陽抑陰之意每如此。」
〔註312〕《周易注疏》卷五《剝》王《注》：「『貫魚』謂此眾陰也，駢頭相次，似『貫魚』也。」
〔註313〕見焦竑《易筌》卷二《剝》。
〔註314〕見孫從龍《易意參疑》卷三《復》。又見張振淵《周易說統》卷四《剝》。

竟不知其為何物。若是君子，社稷蒼生荷其持載；若是小人，求一把茅蓋頭不可得矣。一絲九鼎，關係甚大，望之深，悲之切，聖人之情見乎詞如此。

《玩詞》云〔註315〕：「天若祐晉，則為謝安之止桓溫，而天下皆得所載。天不祐漢，則為王允之死於灌、氾，而小人亦相隨以亡。斯二者，天也。此爻獨不言吉凶，聖人之意深矣。」私記。

劉牧曰〔註316〕：「果不見食者，葉為之蔽。上九不見食，三、五為之蔽。六三應上九，而寧失群陰之心。六五比上九，而率群陰以求一陽之寵。」此皆天意，非人力也。

「君子守道固窮，人亦無如之何。或曰民之望也，不可殺；或曰不足殺。及乎事過，又不可得而殺也，是以常在。」〔註317〕《象》特揭出「民」字，謂當時公卿大夫無一不肆其攻擊，君子之身不能一日安於朝廷，而草野之民擁護推戴，此正良心不死，世道來復之機也。不然，君子更何所倚借哉？私記。

聖人嘗以「无咎」許三，以「無不利」許五，而要歸則斷以為「不可用」，小人之可畏如此。〔註318〕

〔註315〕見項安世《周易玩辭》卷五《剝·凶无咎無不利》。

〔註316〕見潘士藻《讀易述》卷五《剝》。

〔註317〕見何楷《古周易訂詁》卷三《剝》。

〔註318〕胡居仁《易像鈔》卷九：「『小人剝廬，終不可用。』聖人嘗以『剝之无咎』許三，以『宮人寵』許五，而要終則斷以為『不可用』。君子小人之辨，其嚴如此。」

《周易玩辭困學記》卷六

復☷☳震下坤上

復：亨。出入無疾，朋來无咎。反復其道，七日來復，利有攸往。《說文》：「復，往來也。從彳復聲。」鄭氏云〔註1〕：「陰氣侵陽，陽失其位，至此始還返於初，故謂之復。」

《彖》曰：「復，亨」，剛反。動而以順行，是以「出入無疾，朋來无咎」。「反復其道，七日來復」，天行也。「利有攸往」，剛長也。復，其見天地之心乎！

總此一陽五陰耳，即於上下往來間，分《剝》、《復》二卦。《復》者，《剝》之反，歸本之名也〔註2〕。他卦言「剛來」，來則猶自外至。此曰「剛反」，初本陽位，乃剛之故宅，前從此去，今從此還。世道人心俱於此可想，故曰「亨」。

「剛反」二字釋卦名兼釋「亨」字，筆法簡古若此。

張彥陵曰〔註3〕：「剛反處即是動。一陽初動，正是元氣初回之時。此時欲速助長，便是大病，惟動而行之以順，則不疾不徐，乃所以善其出入而無疾。朋來亦將附我之順，動而自長矣。『無疾』者，進退安詳，無凌遽之謂。『无咎』者，彼此調和，無搏擊之謂。『是以』二字，緊頂『順』字。」

〔註1〕見鄭玄《周易鄭注·復》。
〔註2〕李鼎祚《周易集解》卷六《復》：「何妥曰：『復者，歸本之名。』」
〔註3〕見張振淵《周易說統》卷四，未言係引用，且無「『無疾』者，進退安詳，無凌遽之謂。『无咎』者，彼此調和，無搏擊之謂」。

「反復其道」引起下句，是詞中鋪襯語。文王繫辭時，將《易》中消息道理反覆諦視。自《剝》之初而上，上而為《復》之初，於卦為七爻，於時為七日，故曰「七日來復」。孔子說此七日之期，乃盈虛消息，天運使然，所謂「日窮於次，月窮於紀，星回於天」〔註4〕。數將極而復來之會，故曰「天行」。《剝》曰「天行」，《復》曰「天行」〔註5〕，道之行廢，皆天也。

「七日來復」，止以《剝》、《復》言，不必泛指他卦。何閩儒曰〔註6〕：「陰陽平分，其數各六。升降往來，至七而還其本位，故厯家建破，以七日而更；醫家傳經，亦以七為審。」蔡伯靜曰〔註7〕：「陽自建午之月漸消漸剝，至建子之月而為復，在卦經七爻，於時經七月，故曰『七日來復』。不言月而言日者，猶《詩》所謂『一之日』、『二之日』也。」鄭亨仲曰〔註8〕：「七者，陽數。日者，陽物。故於陽長言七日。八者，陰數。月者，陰物。《臨》剛長，以陰為戒，故曰『八月』。」論陽則以日計，論陰則以月計。「日者，幸其至之速。月者，幸其消之遲。」〔註9〕

「剛反」是方復之初，《剝》之一剛窮上而反下也。「剛長」是既復之後，《復》之一剛自下而進上也。以其既去而來反也，故「亨」。以其既反而漸長也，故「利有攸往」。〔註10〕

「復，其見天地之心」者，十月純坤，天地生物之心固未嘗息，但無端

〔註4〕語見《呂氏春秋·季冬紀·十二月紀》。

〔註5〕胡炳文《周易本義通釋》卷十一《象上傳·剝》：「凡卦畫皆象也，皆當觀也。於《剝》獨言之者，為處變君子言也。消息盈虛四字，皆為陽言。復者，陽之息；姤者，陽之消；乾者，陽之盈；坤者，陽之虛。《剝》五陰而一陽，則陽之消而至於虛也，其變也大矣，然亦天行也，故《剝》曰『天行』，《復》亦曰『天行』。」

〔註6〕見何楷《古周易訂詁》卷三《復》。

〔註7〕見董真卿《周易會通》卷五《復》、胡一桂《易本義附錄纂疏》卷一《復》、熊良輔《周易本義集成》卷一《復》、胡廣《周易大全》卷九《復》、姜寶《周易傳義補疑》卷四《復》。

〔註8〕見鄭剛中《周易窺餘》卷五《臨》。

〔註9〕王應麟《玉海》卷三十六《藝文》著錄李舜臣《易本傳》三十三篇，稱：「謂某卦從某卦來為妄。《復》明長而以日云者，幸其至之速；《臨》陽消而以月云者，幸其消之遲。」

〔註10〕胡廣《周易大全》卷九《臨》：「建安丘氏曰：『此云『剛反』，言《剝》之一剛窮上，反下而為《復》也。下文『剛長』，言《復》之一剛自下進上為《臨》為《泰》以至為《乾》也。以其既去而來反也，故『亨』。以其既反而漸長也，故『利有攸往』。『剛反』言方復之初，『剛長』言已復之後。』」

倪可見，惟萬物未生，冷冷靜靜，而一陽萌動，生物之心闖然而見，雖在積陰之中，掩滅不得。若三陽發生之後，則天地生物之心盡散，在萬物不必說見不見矣。〔註11〕

　　朱元晦曰〔註12〕：「剛柔皆天地之心，而『剛反』則見天地之心。動靜皆天地之心，而『動以順行』則見天地之心。七日、八月皆天地之心，而『七日來復』則見天地之心。剛柔消長皆天地之心，而『剛長』則見天地之心。」又曰〔註13〕：「復，反也，言陽氣既往而來復也。夫大德敦化，川流不窮，豈假既消之氣以為方息之資也哉！亦見其絕於彼而生於此，因以著其往來之象爾。惟人亦然。太和保合，善端無窮，所謂『復』者。非曰追夫已放之心而還之，錄夫已棄之善而屬之也。亦曰不肆焉以騁於外，則本心全體即此而存，固然之善自不能已。」正叔謂〔註14〕：「鼻息之間，一呼一吸，自然如此。不必將既屈之氣為方伸之氣也。」又曰〔註15〕：「大抵發生止一個陽氣，只是有消長。陽消一分，便陰長一分。又不是別討個陰來，只是陽消處便是陰，故陽來謂之復。復者，主還其舍。陰來謂之《姤》。姤者，客卒而遇。」

　　「復，其見天地之心乎」，玩「其」字、「乎」字，是夫子讀《易》有得，恍然慨歎之語。凡世運之治亂、人心之邪正，都是天地之心，都於《復》卦中見得，即《蠱》卦「終則有始」之意。當日詞氣不過如此，後儒言靜言動、言動靜之間皆是此語注腳。言不盡意，不若本文涵泳，覺深長有味也。

　　蘇子瞻曰〔註16〕：「意之所向謂之心。凡物之將亡而復，非天地之所予者不能也。故陽之消也，五存而不足；及其長也，用一而有餘。此豈人力也哉？」附錄。

〔註11〕黎靖德《朱子語類》卷七十一《易七‧復》：
　　　　竊謂十月純坤，不為無陽，天地生物之心未嘗間息，但未動耳。因動而生物之心始可見。曰：十月陽氣收斂，一時關閉得盡。天地生物之心固未嘗息，但無端倪可見。惟一陽動則生意始發露出，乃始可見端緒也。
　　　　若見三陽發生萬物之後，則天地之心散在萬物，則不能見得如此端的。
〔註12〕見張獻翼《讀易紀聞》卷二《復》、潘士藻《讀易述》卷五《復》、錢士升《周易揆》卷四《復》，未言係朱熹之說。
〔註13〕見朱鑒《朱文公易說》卷四《復》。又見胡廣《周易大全》卷九《復》。
〔註14〕程顥《二程遺書》卷十五《入關語錄》：「近取諸身，百理皆具，屈伸往來之義，只於鼻息之間。見之屈伸往來只是理，不必將既屈之氣復為方伸之氣。」
〔註15〕見黎靖德《朱子語類》卷六十五、朱鑒《朱文公易說》卷四《復》。
〔註16〕見蘇軾《東坡易傳》卷三《復》。

《象》曰：雷在地中，復。先王以至日閉關，商旅不行，后不省方。

王輔嗣曰〔註17〕：「凡動息則靜，靜非對動者也。語息則默，默非對語者也。然則天地雖大，富有萬物，雷動風行，運化萬變，寂然至無，是其本矣。」

「商旅至賤，后至貴。上至后，下至商旅，皆以安靜為事。」〔註18〕「動者，天地生物之心。靜者，聖人裁成之道。」〔註19〕

錢啟新曰〔註20〕：「『商旅不行』，無逐利之念。『后不省方』，無求人之事。所謂『閉關』者如此。」

初九：不遠復，無祇悔，元吉。祇，從示從氏。

《象》曰：「不遠」之復，以修身也。

「卦詞言造化之復，爻詞言人心之復」〔註21〕，人心復則天心亦復矣。「一陽復生於下，復之主也。」〔註22〕「《剝》、《復》相連，《復》之下爻即《剝》之上爻」〔註23〕，循環之間耳，故曰「不遠復」。復則本體依然，何悔之有？元，始也。最初一念，萬善之元是元，即乾元，即坤元，所謂天地之心。五陰依此者吉，違此者厲，應此者無悔，遠此者凶〔註24〕。

顏應雷曰〔註25〕：「有不善未嘗不知，知之未嘗復行，只從念頭起處斬截，此回天奪命、希聖希賢之要訣也。」按：常人之心，非無來復，隨覺隨迷，又成虛度，只是念頭不切實，工夫不嚴密，所以如此。夫子提出修身二字，便棒棒著肉，刀刀見血，不墮影響一路矣。私記。

祇，平聲。韓氏云〔註26〕「大也」，猶言無大悔耳。一云：祇，但也，自知不善即是悔，心知之即能自克，不但空悔而已。

〔註17〕王《注》見《周易正義》卷五《復》。
〔註18〕見季本《易學四同》卷三《復》，稱「節齋蔡氏曰」。又見潘士藻《讀易述》卷五《復》，稱「蔡氏曰」
〔註19〕見胡廣《周易大全》卷九《復》，稱「潛室陳氏曰」。又見張振淵《周易說統》卷四《復》，稱「陳潛室曰」。
〔註20〕不詳。
〔註21〕見潘士藻《讀易述》卷五《復》，稱「薛敬軒曰」。按：薛瑄《讀書續錄》卷十一：「《復》之卦辭言造化之復爻辭言人心之復。」
〔註22〕見朱熹《周易本義》卷一《復》。
〔註23〕見呂巖《呂子易說》卷上《復》。
〔註24〕郝敬《周易正解》卷八《復》：「六爻惟初九一陽，為復主。在心為最一念，萬善之元。五陰依此者吉，違此者厲，應此者無悔，遠此者凶。」
〔註25〕不詳。
〔註26〕韓康伯《注》見《周易正義》卷五《復》。

六二：休復，吉。

《象》曰：「休復」之吉，以下仁也。

郝仲輿曰〔註27〕：「初為震主，知幾敏速。六二柔中，保養休息，故為『休復』。休者，從容俟其自化也。」六爻皆憑初取義，初陽為仁。下者，內也。有此種子在內，自然發生，非謂其下初九之仁也，二難言下於初九。

予向主夜氣之說，謂人馳逐名利，無一刻安閒，本心如何復？塌然放下，便覺心地清涼，此以休息為義。入手工夫，未為不是。但初為卦主，初既來復，二仍初後，則以仲輿保養之說為得。

三百八十四爻未嘗言仁，獨於《復》言之仁，是萬化種子。〔註28〕有此種子，才可休息保養。不然，無根學問，所為休者，不過避動求靜，圖安養而已。初九仁體，已復工夫全在六二。

六三：頻復，厲无咎。

《象》曰：「頻復」之厲，義无咎也。

三在休復之後，而又曰「頻復」，此學問中操存捨亡消息，皆緣工夫不純熟，所以如此。顏子而下，皆不能免，故須危厲，乃得「无咎」。「厲」是打起精神，惟精惟一，無一刻放鬆，與《乾》三之厲同一精進，故同一无咎。二「休」，從從容容做工夫。三「頻」，急急忙忙做工夫。私記。

三與初同體，居兩卦之間，有「頻」之象。〔註29〕

六四：中行獨復。

《象》曰：「中行獨復」，以從道也。

「復之所以為復，全在初爻。」〔註30〕二、三、五、六不與初應，四居

〔註27〕見郝敬《周易正解》卷八《復》。
〔註28〕董真卿《周易會通》卷五《復》：「南軒張氏曰：『《易》三百八十四爻，未嘗言仁，此獨言之，夫子蓋有深旨。克己復禮為仁。克其私心、復共天理，所以為仁。二去初未遠，上為繫應，能體泰為復，所以為『下仁』也。』」
〔註29〕來知德《周易集注》卷五《復》：「頻者，數也。三居兩卦之間，一復既盡，一復又來，有『頻』之象。」
〔註30〕分見黃正憲《易象管窺》卷五《復》、季本《易學四同》卷一《復》。潘士藻《讀易述》卷五《復》：「復之所以為復，全在初爻。五陰皆復此而已。但二、三、五、六與初不相應，唯四在陰中，有所專向，故發此義。」張振淵《周易說統》卷四《復》所載與《讀易述》近同，惟「此義」作「獨復之義」。按：馮椅《厚齋易學》卷十五《易輯傳第十一·復》：「李子思曰：『復之所以為復者，初九一爻也。而諸爻皆以復稱，蓋因託之人事以盡復之義也。』」

五陰之中，獨與初應，故借為「中行獨復」之象。以學問言之，人各有初，本來第一念是也，更無夾雜，故曰「獨」。此卦五陰一陽，「獨」之象也。人主耳聽目視，萬欲章章，最初一念流行出入於其中，猶四行群陰之中也。「獨復」者，於萬欲之中憬然獨覺，不從外得之意。夫人生頭出頭沒於利欲之中，何以能獨復？聖人謂復不復，全在從道不從道。天地之道，靜極陽回，不假勉強。人心汨沒之後，必須從事學問，在道理上行動，方有來復之期。不然，牿之反覆，夜氣不足以存，未有能復者也。「以修身」、「以下仁」、「以從道」、「以自考」，皆教人克復之法，不許其吉者，獨復正「人心惟危，道心惟微」之際，全看慎獨工夫如何，不敢以聖狂判之也。私記。

錢啟新曰〔註31〕：「四曰『獨復』，真如一夫當關，商旅也行不得，後也省方不得。精神既是專一，工夫略無滲漏。曾、思慎獨，從此透出。」

郭白雲曰〔註32〕：「《剝》六三乃《復》六四反對。在《剝》取其『失上下』以應乎陽，在《復》則取其『獨復』以從道。」

胡仲虎曰〔註33〕：「《泰》二、《夬》五曰『中行』，二、五上下之中也。《益》三、四曰『中行』，三、四在一卦之中也。此曰『中行』，六四在五陰之中也。皆隨時取中之義。」

六五：敦復，無悔。

《象》曰：「敦復，無悔」，中以自考也。「考」，鄭云「成也」，向云「察也」。

自初至五，總是不遠，工夫但有生熟深淺不同。〔註34〕至於六五，非獨工夫純熟，又性順位中，無他應援，其復也敦固牢厚，不搖於外，故「無悔」。「無祇悔」，入德之事。「無悔」，成德之事。《象》曰「中以自考」，中即來復之體，乃人生根命脈處；考者，點檢提醒之意。二比初曰「下仁」，四應初曰「從道」，皆有待於人者。五非比非應，不假於人，惟以中自考。呂仲木曰〔註35〕：「其復也久而不改，深而不露，豈外人所能知哉？」《繫辭》曰「復以自知」，此曰「中以自考」。

〔註31〕見胡居仁《易像鈔》卷九《復》。

〔註32〕見郭雍（字子和，號白雲先生）《郭氏傳家易說》卷三《復》。又見方聞一《大易粹言》卷二十四《復》、馮椅《厚齋易學》卷十五《復》。

〔註33〕見胡炳文《周易本義通釋》卷一《復》。

〔註34〕胡居仁《易像鈔》卷九：「五培養深厚，工夫綿密，曰『敦復』。……自休至敦，總亦不遠，工夫但有生熟深淺不同。」

〔註35〕見呂柟《周易說翼》卷一《復》。

「仁，人心也。義，人路也。」〔註36〕合而言之，道也。自內而外，故二言「仁」，三言「義」，四言「道」，總歸未發之中，故五言「中」，皆所以修身也，故初以「修身」始之。私記。

《臨》上六處四陰之末，則曰「敦臨」；《復》六五處四陰之末，則曰「敦復」；皆乘坤也。敦有厚意，厚莫如坤。〔註37〕

上六：迷復，凶，有災眚。用行師，終有大敗。以其國，君凶，至於十年不克征。

《象》曰：「迷復之凶」，反君道也。

「迷復」者，以迷為復，復仍是迷。子與〔註38〕所謂「位高而無下仁之美，剛遠而失遷善之機，厚極而有難開之蔽，柔終而無改過之勇」者也。「人心不過迷悟二端，燕越殊轅，各循所適，故吉莫善於不遠復，而凶莫大於迷復。」〔註39〕「絕天之道，則仰愧於天，便是天災。失人之心，則俯怍於人，便是人眚。」〔註40〕不反求其本以覓真心，而用師以驅逐外誘，究且理不勝欲，並其真心而失之，永無來復之期矣。行師大敗，喪國亡君之象，「皆緣迷不自知，認照為明，認意為心，認血氣為義理」〔註41〕，以至於此。

朱康流曰〔註42〕：「天地之心即為君心，天地之道即為君道，迷其心即反其道。『有災眚』者，反道之咎徵。喪師亡國者，咎徵之事應也。」

錢啟新曰〔註43〕：「人所以迷，大關不出兩件：一是功利淪人心髓，做了千萬年不起錮疾，如以國君等是一關；一是全副精神明於責人而昏於恕己，

〔註36〕見《孟子‧告子上》。
〔註37〕趙采《周易程朱傳義折衷》卷十三《復》：「愚曰《臨》曰『敦臨』，《復》曰『敦復』，皆以上卦坤故也。坤，厚也。」
〔註38〕徐幾（字子與，號進齋）之說見胡一桂《易本義附錄纂疏》周易象上傳第五、董真卿《周易會通》卷五《復》、胡震《周易衍義》卷六《復》、胡廣《周易大全》卷九《復》、張振淵《周易說統》卷四《復》：「上六位高而無下仁之美，剛遠而失遷善之機，厚極而有難開之蔽，柔終而無改過之勇，是昏迷而不知復者也。」徐氏之語又見元‧保八《周易原旨》卷三《復》，不言係引用。
〔註39〕錢一本《像象管見》卷二下《復》：「游氏曰：『人心迷悟之分，其端甚微，然燕越殊轅，各循所適，於何不至，故吉莫善於不遠復，而凶莫大於迷復也。』」
〔註40〕見蘇濬《生生篇‧復》。又見張振淵《周易說統》卷四《復》、曹學佺《周易可說》卷二《復》。
〔註41〕見錢一本《像象管見》卷二下《復》。
〔註42〕見朱朝瑛《讀易略記‧復》。（《四庫全書存目叢書》經部第24冊，第766頁）
〔註43〕見胡居仁《易像鈔》卷九《復》。非錢一本之說。

是以求人不勝苛察，如用行師等是一關。這關閉塞得，便喚做自知；略有罅隙走透，便喚做迷人。」

張敬夫曰〔註44〕：「《易》爻詞未有如是之詳，其言凶亦未有如是之甚者。蓋自古亡家覆國，只在一念迷悟。」悟則回頭是岸，迷則自踏苦海。味爻詞，儼然隋之楊廣矣。

《經翼》云〔註45〕：「復由於剝，人不能復者，以其剝落不盡。如知識伎倆之類，如何剝落得盡？剝不盡，如何能復？惟剝盡則虛之極、靜之篤，坤體也。致虛守靜，是孔子真血脈路。戒慎恐懼，是致虛守靜工夫。」

李見羅曰〔註46〕：「陽貴復學善反《復》五陰一陽，《剝》亦五陰一陽。但一陽走向外邊，不自為主，而反從乎陰，則為《剝》。一陽收歸自己，不從乎陰，而能宰乎陰，則為《復》。聖學工夫，全要在人慾中立定腳根，不向閒中取寂。」

《子夏傳》〔註47〕：「傷害曰災，妖祥曰眚。」鄭云〔註48〕：「異自內生曰眚，自外曰祥，害物曰災。」

胡仲虎曰〔註49〕：「《剝》上九『民所載也』，一陽在上，指眾陰之為民。《復》上六『反君道也』，眾陰之極，表一陽之為君。」李鼎祚曰〔註50〕：「乾無十，坤無一。陰數極於六，而七則又為乾之始；陽數極於九，而十則自為坤之終。故凡言十者，坤終之象。」

陳應城曰〔註51〕：「復道貴先。初為一卦之先，四為上卦之先，故初『不遠』而四『獨復』。復道貴中。二、五各居一卦之中，故二『休復』而五『敦復』。復道惡後。三為下卦之後，上為一卦之後，故三『厲』而上之『凶』又甚焉。《易》之戒深矣！」

〔註44〕馮椅《厚齋易學》卷十五《復》：「張敬夫曰：『《易》之爻辭鮮有如是之詳，其凶鮮有如是之極者。而獨於《復》之上六言之，蓋自古亡家覆國，反道敗德，無所不至者，其源盡起於一念之微，不能制遏之耳。夫以陰柔之材，去本之遠，所謂人慾肆而天理蔑者，故有大敗終凶之義。』」
〔註45〕不詳。
〔註46〕李材，號見羅，豐城人。過庭訓《本朝分省人物考》卷五十七有傳。
〔註47〕見陸德明《經典釋文》卷二《復》。
〔註48〕見陸德明《經典釋文》卷二《復》。
〔註49〕見胡炳文《周易本義通釋》卷三《復》。
〔註50〕見熊過《周易象旨決錄》卷二《復》。
〔註51〕見陳士元（字心叔，應城人）《易象鈎解》卷二《復》。

无妄☲震下乾上

无妄：元亨利貞。其匪正有眚，不利有攸往。《說文》：「妄，亂也。從女亡聲。」《字書》：「妄，誣也，誕也，罔也。」

《彖》曰：无妄，剛自外來而為主於內。動而健，剛中而應，大亨以正，天之命也。「其匪正有眚，不利有攸往」，无妄之往，何之矣？天命不祐，行矣哉！

「妄謂虛妄，乃意、必、固、我之總名。凡乍起乍滅而無實者，皆妄也。故想曰妄想，見曰妄見。」〔註52〕馬、鄭、王三家皆云「妄猶望」，《史記》「无妄」作「無望」。然則有所希望，即是妄矣。「剛自外來」者，下卦本坤，乾之初陽來而為震，以其非本卦剛柔之往來，故曰「自外」。初為震主，震屬內卦，故曰「為主於內」。「外來而為主於內」，心既放而復還也。人心只是作不得主，所以有妄。「為主」是先立乎其大也，「為主於內」是外物不得而撓之也。初九動而健，二、五剛中而應。「動而健」，行義之勇，剛中而應，待物之誠，種種妙理，皆无妄，皆「大亨以正」，皆天命也。

吳叔美曰〔註53〕：「『自外來』者，明初自乾剛來也。論乾體，何得言外人？當寂然不動時，所謂天者亦杳不可見，惟良心忽然爆動，不落思維，不假停待，直至從空落下。若有使之者，此所謂『降之皇，畀之帝』，來為我作主，而我不自主者，故曰『剛自外來而為主於內』。」震能動天，乾能善動，理氣合，道義配，故曰「應」。

「其匪正有眚」，「其」者，或然之詞。聖人深慮无妄之人，有此一種病痛，故叮嚀告戒如此。「无妄」即信果之流也。信果是謹願之士，中無他腸，行不去尚肯回頭。此曰「匪正」，既非大通至正之道；曰「有眚」，又純是我見理障。愚夫愚婦皆以為不可，而彼獨悍然不顧。此等人凶家害國，非徒物議難容，抑且天命不祐。蓋世有无妄之災，有无妄之疾，有无妄之藥。无妄中有許多變幻，膠柱鼓瑟，正是執中無權、好信不好學一流人物，故曰「何之矣」，曰「行矣哉」，蓋傷之也，醒之也。私記。

介甫新法原是為國為民，何曾有半點邪念，止因自反無他，執定已見，謂「天變不足畏，祖宗不足法，人言不足信」，那知時勢難行，雖天子之威

〔註52〕見何楷《古周易訂詁》卷三《无妄》。
〔註53〕見吳桂森《周易像象述》卷四《无妄》。

權、聖賢之道理，俱無所用。司馬公云：「人以介甫為奸，未免太過，但執拗耳。」所以聖人只是無意、無必、無固、無我。意、必、固、我，妄也。無意必固我，无妄也。以聖人之才識而又無意必固我，言而世信，行而世法，又何疑焉？私記。

《楞嚴經》言「妄無自性，如人捏目，見月為二」。惟一月真，二因眚生。如人目翳，見空中花。空實無花，花因眚有。發明「眚」字最真切。〔註 54〕《說文》：「眚，目翳也。」

《象》曰：天下雷行，物與无妄。先王以茂對時育萬物。對，古文從丵從口，漢文去口從士。

窮冬沍寒，生意閉塞。驚蟄之日，雷一震動，有情無情，惕然驚醒，是物物而與之以无妄也。先王法此，以對時育物，因其所性而不為私焉。〔註 55〕

楊中立曰〔註 56〕：「閒居不善，無所畏忌，滿身皆妄。一聞雷聲，惕然若驚，妄念頓消，善念忽著，是亦『物與无妄』也。白日青天，人心依舊矣。悲哉！」◎馬氏曰〔註 57〕：「茂，勉也。對，配也。」

初九：无妄，往吉。
《象》曰：无妄之往，得志也。

「此所謂『為主於內』者。九為乾體，初為動始，無所繫應，直心而往，動與天合，何不吉之有？」〔註 58〕程叔子曰〔註 59〕：「誠能動物，以之修身則

〔註 54〕郝敬《周易正解》卷八《无妄》：「佛書言『妄無自性，如人捏目，見月為二。』惟一月真，二因眚生，妄也。如人目翳，見空中華。空實無華，華因眚生，妄也。此皆因眚義敷衍。五陰六入十八界種種名色，皆因无妄敷衍。」

〔註 55〕朱熹《周易本義》卷一《无妄》：「『天下雷行』，震動發生，萬物各正其性命，是物物而與之以无妄也。先王法此，以對時育物，因其所性而不為私焉。」

〔註 56〕不詳。

〔註 57〕見陸德明《經典釋文》卷二《易》。

〔註 58〕錢士升《周易揆》卷四《无妄》：「此所謂『剛自外來，而為主於內，動而健』也。九為乾體，初為動始，無所繫應，直心而往，動與天合，得此心之本體，何不吉之有？」
另外，黃正憲《易象管窺》卷五《无妄》：「九為乾體，初為動始，是剛為主於內，而動以天者也。至誠必動，焉往而不吉哉？」潘士藻《讀易述》卷五《无妄》：「淮海曰：『九為乾體，初為動始，所謂動以天也。動以天為无妄，焉往不吉？』」

〔註 59〕見程頤《伊川易傳》卷二《无妄》，無「不幸而蹈湯赴火，亦自快心」。

身正，以之治事則事理，以之臨人則人服。不幸而蹈湯赴火，亦自快心，無所往而不得其志也。」

總一「无妄之往」也，《彖傳》曰「何之」，《象傳》曰「得志」，此《无妄》卦中一大疑案，不可不細心糾勘。所謂「何之」，不徒世路上行不去。識情執著，東西易面，而子午之針膠滯不靈，要此指南何用？所謂「得志」，是自慊之學，如惡惡臭，如好好色，有恁麼不快活處。此兩種人，起初發念，俱無欺罔，究竟南北異轍，若此可見。人心無思無慮，本自无妄，不過作聰明，逞學問，自謂无妄，而不知妄之大，莫過於此。私記。

初為卦主，爻語粹然，不費詞說。其餘諸爻，不過闡明无妄中有此工夫，有此變故，以盡无妄之義。

六二：不耕獲，不菑畬，則利有攸往。

《象》曰：「不耕獲」，未富也。

妄想無過於期望，期望無過於利。利之一字，病入膏肓。事無大小，起念便墮功利。「匪正有眚」，孰大於是？詞云「不耕獲，不菑畬，則利有攸往」，弱侯所謂「無所營為，則飄然一身，無適不可，不然戀戀於田疇積倉不暇，何往之能利，所以深絕其妄種也」〔註60〕。《象》曰「不利有攸往」，二曰「則利有攸往」，「則」字承上而言，往必如此而後利也，「則」字有力。《无妄》一卦，此爻是學問下手吃緊處。私記。

不耕而獲，不菑而畬，天下固無此理。耕不祈獲，菑不祈畬，人情亦無此事。若以不耕不菑為无妄，則未聞以力田為妄動、惰農為守正者。細尋語義，不過是「謀道不謀食」之意。譚者有意高深，反墮理障。《象》曰「未富」，言如此營生，千駟萬鍾再不要想，只是不飢寒便休歇了，此恢諧調笑之語，要人跳出衣食窩臼。私記。

鄭國賢曰〔註61〕：「有所為而無所冀，非无妄也。無所為而有所冀，非无妄也。當耕而耕，當獲而獲，當菑而菑，當畬而畬，前念不生，後念不起，就像耕獲菑畬都不曾有的一般，方是无妄，方『利有攸往』。大抵精神昏於計算，

〔註60〕見焦竑《易筌》卷二《无妄》。
〔註61〕邵寶《簡端錄》卷一：「『不耕穫，不菑畬』，无妄也，而有天人之分。無天也，不人也。有所為而無所冀，非无妄也。無所為而有所冀，亦非无妄也。當耕而耕，當穫而穫，何耕穫之有？當菑而菑，當畬而畬，何菑畬之有？此之謂无妄？」邵寶之說又見張振淵《周易說統》卷四《无妄》。

得失貴乎兩忘，此非可以凡夫意見窺測也。」

諸葛武侯云〔註62〕：「鞠躬盡瘁，死而後已。成敗利鈍，非臣所知。」與此爻義合。

治田，春曰耕，秋曰穫。一歲曰菑，三歲曰畬。

六三：无妄之災，或繫之牛，行人之得，邑人之災。

《象》曰：「行人」得牛，邑人災也。

潘去華曰〔註63〕：「行人之與居人，兩不相值。得牛之與失牛，事有相因。蓋適然之遭如此，君子烏得而避焉？」按：三與上正應，上九以无妄而得災，三以正應而受累，正如方希古殉難，累及九族是也。《象》惟有慨歎，令其義命自安而已。私記。

子瞻曰〔註64〕：「失其牛於此，而欲求之於此，此其意未始不以為无妄也。然反至於大妄，則自以為无妄而執著太過也。」

張彥陵曰〔註65〕：「聖人恐人泥定无妄往吉之說，稍不如意，便生怨尤，特發此爻，以盡其義。欲人以義命，純其无妄之心也。蓋我有所以取，不可諉之於天。我無所以取，惟當盡其在我。」

沈氏曰〔註66〕：「象『牛』者，因二爻之耕穫而言。」

九四；可貞，无咎。

《象》曰：「可貞，无咎」，固有之也。

「有无妄之福，亦有无妄之災」〔註67〕，此皆不可度思者也。君子惟求其可貞者耳。不可貞則有咎，可貞則无咎，非其固有則不可貞，固有則可貞。可貞與匪正相反。貞者，正也，无妄也，天之命也。震動之後，陰氣鍛鏈已盡，本來乾體，復還故物，非從外鑠，有何不可貞之有？可不可，皆心上事，災與福不必問也。私記。

沈氏曰〔註68〕：「人情于无妄之福，每居之以為當，而于无妄之災，即懟

〔註62〕見諸葛亮《後出師表》。
〔註63〕見潘士藻《讀易述》卷五《无妄》。
〔註64〕見蘇軾《東坡易傳》卷三《无妄》。
〔註65〕見張振淵《周易說統》卷四《无妄》。
〔註66〕見沈一貫《易學》卷四《无妄》。
〔註67〕明·陳祖念《易用》卷二《无妄》：「夫惟有无妄之福，則亦有无妄之災。」
〔註68〕見沈一貫《易學》卷四《无妄》。

之以為不當。夫不正而福固非當也，即正而福，豈其當乎？不正而災固當也，即正而災，豈其不當乎？脩其正而已。何則？災福，外也。正，內也。我固有之，而不可以災福修不修也。知固有者於福必曰偶然，而莫之敢要；於災必曰宜然，而莫之敢辭。」

胡仲虎曰〔註69〕：「貞，正而固也。曰『利貞』，則訓『正』字而兼『固』字之義。曰『不可貞』，則專訓『固』字而無『正』字之義。不可不辨。」○〔註70〕《字書》：「固，堅牢也。」又本然之詞，孟子所謂「固所願也」。此兼二義。

九五：无妄之疾，勿藥有喜。

《象》曰：「无妄」之藥，不可試也。

凡卦至五，為功成事竣之地。初乃无妄之體，經二、三之禍福，不知幾番鍛鏈，四始還其固有。五居中體正，真无妄矣，復有何疾？縱有，不過境遇之偶然，工夫之未化，優游涵泳，渙然冰釋，不知疾從何生，寧論所服何藥？非徒無患，抑且有喜。爻詞言有喜者凡三。喜者，將瘳之候，而亦治病之方也。私記。

卓去病曰〔註71〕：「九五當无妄之時，陽剛中正，何以有疾？此卦上乾下震，有震動之意，心本寂然，一動便於本體有渝，便生得失，便有疵纇，故曰『无妄之疾』。既疾矣，何以勿藥而喜？真心勃發，不無少溢。天理一現，本體自如。」如漚從水生，還從水滅，何以藥為？

何謂无妄之藥？其在心學，則為助長，為強制。其在事功，則為欲速，為見小。告子之勿求，介甫之新法，皆无妄之藥也，其可試乎？試，少嘗之也。試且不可，況汩沒其中乎？私記。

呂仲木曰〔註72〕：「君子存誠則邪自閉，捨誠而逐邪，邪斯為敵。舉正則枉自錯，捨直而攻枉，枉斯為仇。」

錢塞庵曰〔註73〕：「人惟利害生死，易生妄想。『不耕獲』，透功利關。『邑人災』，透利害關。『勿藥有喜』，透生死關。周公以之盡无妄之義。」

〔註69〕見胡炳文《周易本義通釋》卷一《无妄》。
〔註70〕此處原為空格，今以「○」區分。
〔註71〕見卓爾康《周易全書·无妄》。（四庫全書存目叢書補編第90冊，第256頁）
〔註72〕見呂柟《周易說翼》卷一《无妄》。
〔註73〕見錢士升《周易揆》卷四《无妄》。

上九：无妄，行有眚，無攸利。

《象》曰：「无妄」之行，窮之，讀。災也。

此所謂「匪正有眚，不利有攸往」者也，與初同一无妄，真无妄矣。「行有眚，無攸利」，戒之也。居卦之終，時勢已過；處乾之極，情性太剛。聖人恐其偏執己見，道理作障，如目之有眚，雖行康衢，未免坑坎，故曰「行有眚，無攸利」。《彖》言「匪正」，此不言「匪正」，止言「有眚」，蓋雖正而有眚，則亦無攸利。若行而無眚，則無不利矣。《象》曰「窮之災」，窮之也者，窮之也。水窮則云起，道理何嘗有、窮人自窮之耳。私記。

蘇君禹曰〔註74〕：「『復則不妄』〔註75〕。復者，天也。无妄者，純乎天而不雜於人也。夫天人之幾微矣。種種思慮，俱屬妄心。種種計較，俱屬妄動。如克伐怨欲之滑心也，聲色臭味之戕性也，妄之妄者也。若潛心學問，銳志進修，固自以為无妄。然取效太速，則期必之私乘焉而妄；成心未化，則固我之私乘焉而妄；時窮勢極，則執一之私乘焉而妄。彼其立意未嘗不欲為聖賢君子，而偽滅性，人賊天，幾微之間，大致千里矣。」

大畜 ䷙ 乾下艮上

大畜：利貞。不家食，吉。利涉大川。

《彖》曰：大畜，剛健篤實輝光，日新其德。剛上而尚賢，能止健，大正也。「不家食，吉」，養賢也。「利涉大川」，應乎天也。「輝」，《石經》作「輝」。鄭氏以「日新」絕句，「其德」連下句。

錢塞庵曰〔註76〕：「《小畜》、《大畜》皆畜乾也。兩陽不能以相畜，故畜陽者必陰。徒陰則柔弱而不能畜，故主畜者必陽。《小畜》以一陰畜乾，主在五，《大畜》以二陰畜乾，主在上，皆剛為主也。謂之小畜、大畜者，巽，陰之微也，故小；艮，陽之極也，故大。巽之畜陽，有繫累牽絆之情。艮之畜乾，有節制裁成之義。」

鄭舜舉曰〔註77〕：「畜有三義：以畜養言畜賢也，以畜止言畜健也，以蘊

〔註74〕見蘇濬《生生篇·无妄》。又見張振淵《周易說統》卷四《无妄》。

〔註75〕見《序卦》。

〔註76〕見錢士升《周易揆》卷四《大畜》。

〔註77〕見鄭汝諧（字舜舉，號東谷）《易翼傳·大畜》。另外，李中正《泰軒易傳》卷三《大畜》有近似觀點，云：「畜有三義：以畜止言之，畜建也；以蘊畜言之，畜德也；以畜養言之，畜賢也。義雖不同，皆以利貞為本。」

畜言畜德也。養賢以及萬民，此畜養之大者。乾，天下之至健。四、五能畜之，此畜止之大者。『剛健篤實煇光，日新其德』，此蘊畜之大者。」《彖傳》兼此三者言之。

王《注》〔註78〕：「凡物既厭而退者，弱也；既榮而隕者，薄也。夫『煇光日新』者，惟『剛健篤實』也。」按：「剛健」無一毫私欲，「篤實」無半點虛浮，兩者盤結醖釀，光彩流露，健者愈健，實者愈實，日新又新，蘊畜之大，孰過於此，故曰大畜。此以卦德釋卦名，是學問中事，絕不提起「止健」，下則專以「止健」歸功於艮矣。「剛健篤實」是德之體，「尚賢」、「止健」是德之用。乾健之德，過於剛銳，不歷艱貞，其識不深；不受詘抑，其氣不定。必以柔止之，方能有所成就。此卦以上為主，以四、五為用。「止健」者，四、五；而能使四、五之止健者，上也。故曰「剛上而尚賢」。剛上謂上九，以剛居上；賢謂四、五，上尚之也；尚之以止健也。「能止健」，「能」字有無數作用。在上以剛馭柔，即以柔馭剛，沉潛剛克，高明柔克，循環無端，此駕馭英雄之術，亦陶鍊心性之法。其於剛也，非有作惡；於柔也，非有作好。為國家陶鑄人才，為天地曲成萬物，機用之大，道理之正，莫過於此，故曰「大正」。其畜之也，將以用之，故曰「不家食，吉」，曰「利涉大川」。二句卦詞原說大畜之功用，此復推本養賢應天，以申廣其義。

蘇子瞻曰〔註79〕：「物之在乾上者，常有忌乾之心，而乾常有不服之意。《需》之六四、《小畜》之上九是也。忌者生於不足以服人爾。不足以服人，而又忌之，則人之不服也滋甚。今夫艮自知有以畜乾，故不忌其健而許其進。乾知艮之有以畜我而不忌，故受其畜而為之用。」

吳因之曰〔註80〕：「吾儒學問，剛健為主，不令胸中半點私欲。至下手時，又一毫放鬆不得。敦篤懇至，把道理著實體驗，不令半點虛浮。久之，天機活潑，暗地中若有精光閃爍，不可掩滅，故曰『光輝日新』。」又曰〔註81〕：「士君子學術，未有空虛無用者，必施為措置，果到透徹處，方完吾學問之分量。若事到頭來，伸手縮腳，縱有經理，亦只是勉強支吾，苟且塞責，非有卓然可見之效。這便是本領不濟，亦完不得大畜，故『不家食』、『涉大川』，文王繫

〔註78〕見《周易正義》卷五《大畜》。
〔註79〕見蘇軾《東坡易傳》卷三《大畜》。
〔註80〕見張振淵《周易說統》卷四《大畜》。
〔註81〕見張振淵《周易說統》卷四《大畜》。

之特詳如此。」又曰〔註82〕：「天者，時而已矣。蘊畜深，積累厚，義理爛熟，百凡注措，圓活通變，隨時轉移，動與天俱，故曰『利涉大川，應乎天也。』」

朱康流曰〔註83〕：「凡天下之豪傑，必寧靜以致遠，故止健即為大正，而天下多可用之賢。賢者，上帝之所簡也。故養賢即為應天，而天下無不可濟之事。」

「尚賢」之「賢」指二陰，「養賢」兼指三陽。〔註84〕

管輅曰〔註85〕：「朝旦為暉，日中為光。」

《象》曰：天在山中，大畜。君子以多識前言往行，以畜其德。

《測言》曰〔註86〕：「天在山中即芥子納須彌之意。」人心才徑寸耳，前言往行，無不收攝，一掬非小，兩間非大，豈不是天在山中之象？

初九：有厲，利己。

《象》曰：「有厲，利己」，不犯災也。

內卦受畜，以自止為義。外卦能畜，以止之為義。他卦相應為相援，此卦相應為相止。〔註87〕

初有剛健之才，而在初歷事未深，鋒銳喜事，一往之氣，自謂天下事無可難我者。不知羊腸之險，不在山川，而在平地。剛健之才能成事，亦能誤事，必於遊刃之際，操善刀之心，乃是經綸妙手，故戒之曰「有厲，利己」。私記。

子瞻曰〔註88〕：「《小畜》之畜乾也，順而畜之，故始順而終反目。《大畜》之畜乾也，厲而畜之，故始厲而終亨。君子之愛人以德，小人之愛人以姑息。使我知戒，而終身不犯於災者，六四也。」

〔註82〕見張振淵《周易說統》卷四《大畜》，無「應乎天也」。
〔註83〕見朱朝瑛《讀易略記·大畜》。（《四庫全書存目叢書》經部第 24 冊，第 768 頁）
〔註84〕宋·朱長文《易經解·大畜》：「『尚賢』之『賢』指上九，『養賢』之『賢』兼指下三陽。」
〔註85〕見陳耀文《天中記》卷一。
〔註86〕程顥《二程遺書》卷十九《楊遵道錄》：「陳瑩中答吳國華書：天在山中說，云便是芥子納須彌之義。」
〔註87〕胡炳文《周易本義通釋》卷一《大畜》：「他卦取陰陽相應，此取相畜。內卦受畜，以自止為義。外卦能畜，以止之為義。」
〔註88〕見蘇軾《東坡易傳》卷三《大畜》。

「《需》曰『不犯難』，謂坎水之險。此曰『不犯災』，謂艮山之阻。」
〔註89〕

九二：輿說輹。

《象》曰：「輿說輹」，中無尤也。

《小畜》之九三見畜於六四，而曰「輿說輻」。四說其輻，不得已也，故「夫妻反目」。《大畜》之九二見畜於六五，而曰「輿說輹」。二自說其輹，心實安之也，故「中無尤」。若是者，九三過剛而九二剛得中故也。「輻」與「輹」之辨，見《小畜》九三爻下。

朱子發曰〔註90〕：「初，剛正也。二，剛中也。四、五，柔也。柔能畜剛，剛知其不可遽犯而安之，時也。夫氣雄九軍者，或屈於賓贊之儀。才力蓋世者，或聽於委裘之命。故曰『大畜，時也』。」

鄭申甫曰〔註91〕：「二之『說輹』，不進也，止而待上之用也。不屑其人望，望而去，則不『說輹』矣。」

九三：良馬逐，利艱貞。曰閑輿衛，利有攸往。《本義》以「曰」當為「日月」之「日」。

《象》曰：「利有攸往」，上合志也。

乾為馬，又為老瘠駁。此獨稱良者，畜而至三陽，剛之性銷鎔變化，受畜而不躁也。〔註92〕「逐」者，三與上同志，三逐上以進，而下二陽又逐三以進，蓋比德齊力，並驅齊驅之象。〔註93〕「輿」者，任重之物。「衛」者，應變之具。初「利」，已戒其進也。二「說輹」，喜其不進也。三可進矣，而猶戒之艱難貞固，「日閑輿衛之事」者，懼其可進而銳於進也。如是，則初之利己者可利往矣。《象》曰「上合志」，上謂上九。上之止健，非欲其止，正欲以止而善其往也。今「利有攸往」，則與之合志矣。志在進者，乾之性。善其進者，艮之力。

〔註89〕見俞琰《周易集說》卷二十二《大畜》。
〔註90〕見朱震（字子發）《漢上易傳》卷三《大畜》。又見馮椅《厚齋易學》卷十六《大畜》、王宗傳《童溪易傳》卷十二《大畜》。
〔註91〕不詳。
〔註92〕錢士升《周易揆》卷四《大畜》：「乾為良馬，亦為老瘠駁馬。此稱良者，受畜而不躁，故調良也。」
〔註93〕潘士藻《讀易述》卷五《大畜》：「乾為良馬，為行健。九三得位，而初、二隨其後，故曰逐。蓋比德齊力，並驅齊驅之象。」

「《考工記》周人上輿車有六等之數：軫也，戈也，人也，殳也，防也，矛也。皆名衛。」〔註94〕

六四：童牛之牿，元吉。

《象》曰：六四「元吉」，有喜也。

六五：豶豕之牙，吉。

《象》曰：六五之「吉」，有慶也。

牛性順。乾初剛健，不可以為牛。六四以陰居陰，「童牛」之象。豕性躁。九二剛中，不可以為豕。六五以陰居陽，「豶豕」之象。上九一剛橫於四、五之上，牿、牙之象。牿以牿牛，此之牿非為牛也。牙以牙豕，此之牙非為豕也。當諸陽馳驟時，有牛牿、豕牙橫其前，自止而不進。蓋牛豕柔類，以御柔之物御剛，醫家所謂「反治」，「能止健」者以此。曰「有喜」，曰「有慶」，見艮之畜乾，非以害之，乃愛之也。私記。

馮奇之曰〔註95〕：「《小畜》之畜乾者，六四也，九居五為之助者也。《大畜》之畜陽者，六四、六五也，九居上為之主者也。夫外無陽爻，則坤順而不能畜；內無陰爻，則同類而不相畜。然則成大畜之義者，在艮之上九；而能畜乾之陽者，在艮之六四、六五也。」

蘇子瞻曰〔註96〕：「童而牿之，愛以德也，故『有喜』。豕而牙之，將求其用也，故『有慶』。凡物有以相得曰喜，施德獲報曰慶。」蔡虛齋曰〔註97〕：「論為力之難易，則五不如四之易，故四曰『元吉』而五只曰『吉』。論成功之廣狹，則四不如五之廣，故五曰『有慶』而四止曰『有喜』。五不如四之易者，時不同也。四不如五之廣者，位不同也。」

牿，牛馬圈也，所以防牛馬之逸者。《書》曰「牿牛馬」是也。陸佃曰〔註98〕：「牙者，畜豶豕之杙。海岱之間以杙繫豕，謂之牙。」今牙門之牙，亦指門前橫木而言，所以止行人也。《爾雅注》：「豶，豕子也。」「童牛之牿」、「豶豕之牙」是的對。

〔註94〕見項安世《周易玩辭》卷六《大畜小畜・輿衛》。

〔註95〕見馮椅《厚齋易學》卷十六《大畜》。

〔註96〕見蘇軾《東坡易傳》卷三《大畜》。

〔註97〕見蔡清《易經蒙引》卷四上《大畜》。按：此觀點早見朱長文《易經解・大畜》，云：「有慶者，制惡有道，天下胥受其福也。論為力之難易，則五不如四。論成功之廣狹，則四不如五。」

〔註98〕見陸佃《埤雅》卷五《釋獸・豕》。

上九：何天之衢，亨。

《象》曰：「何天之衢」，道大行也。

鄭申甫曰〔註99〕：「四、五之畜，非故畜之也，抑其銳而徐用之，成就人才之術也。上九之不畜，非故縱之也。才德已成，興衛已閒，可無虞於泛逸，廣開賢路之道也。」艮為徑路，有衢象。三乾由此而進，故曰『天衢』。「何天之衢」，『何』者，驚喜之詞，何天衢之亨通若此也。王子安曰〔註100〕：「初『己』、二『說』、三『艱』、四『牿』、五『牙』，而後六通四闢，遊於天衢，人不盡則天不見，學不達天非大學問，業不應天非大事業。至『何天之衢』而大畜始成，所謂『不家食』、『利涉大川』者如此。」○〔註101〕《爾雅》：「四達謂之衢。」

頤☰ 震下艮上

頤：貞吉。觀頤，自求口實。《說文》：「頤，顄也。」鄭氏曰〔註102〕：「口，車輔之名也。」

《彖》曰：「頤，貞吉」，養正則吉也。「觀頤」，觀其所養也。「自求口實」，觀其自養也。天地養萬物，聖人養賢以及萬民。頤之時大矣哉！

頤，顄也，為卦上下二陽，內含四陰，外實內虛，上止下動，為頤之象。頤中有物曰噬嗑，有物則害其所以為養，故不取養之義。今頤中虛無物，則未受外物之間。〔註103〕揀擇取捨，全在此時，故曰「貞」，曰「觀」，曰「求」，而總歸於「自」。《頤》之《象傳》別是一格。諸卦傳詞備言德體象變，《頤》不言其所以，若隱若躍，令人深思自得。曰「養正則吉」，「則」字有味，不正則不吉也。所謂「正」，不墮虛無，就飲食間「觀其所養」者何如。「觀其所養」，不從外求，就心性內「觀其自養」者何如。〔註104〕逐句提醒，逐句鞭逼

〔註99〕見張振淵《周易說統》卷四《大畜》。

〔註100〕不詳。

〔註101〕此處原為空格，今以「○」區分。

〔註102〕見鄭玄《周易鄭注·頤》。

〔註103〕馮椅《厚齋易學》卷十六《頤》：「李子思曰：頤中有物謂之噬嗑。頤中有物，則害其所以養，故不取頤養之義。而頤中之虛，元未有物，則以貞吉告之。方其未受外物之間，要當擇其所養，故正則吉，不正不吉也。」

〔註104〕張振淵《周易說統》卷四《頤》：「『養正則吉』，此據養之義言。『則』字最活，謂養而正則吉，不正則不吉矣。然觀其正，在『觀其所養』者何如；觀其所養，在『觀其自養』者何如。此兩句一串說下，正是解『養正則吉』。」

近裏，總歸於「養正則吉」。孟子曰〔註105〕：「人之於身也，兼所愛，則兼所養也」，「頤」也；「無以小害大，無以賤害貴」，「貞吉」也；「所以考其善不善者，於己取之而已矣」，「自求口實」也。

頤者，養也。陽養陰，陰亦未嘗不養陽也。上養下，下亦未嘗不養上也。止則吉，動則凶，動亦未嘗不吉也。六二「顛頤」亦凶，「拂經」亦凶；四、五「顛頤」亦吉，「拂經」亦吉；故曰「觀頤，觀其所養也」。「自求口實」，觀其自養也。私記。

饑食渴飲，人之恒性，然以此而喪其生平者多矣。咬得菜根，百事可做。就日用飲食之間，審其從來之正不正，正則享，天下不以為泰；不正則一簞食不可受於人。此觀頤之法也。然孔、顏樂處，不在飯疏飲水上尋討。塞聰養耳，掩明養目，澹泊寧靜，養其神氣以「自養」。「自」，以自求自，以自觀自，不過一正而已矣。天地養萬物，不正則陰陽繆戾，而物不遂其生。聖人養萬民不正，則賢不安其位，而民不被其澤。頤之時大矣哉！私記。

「集義以養氣，寡欲以養心。學聖道而不溺於虛無，崇正學而不流於術數，養德者宜作如是觀。窮不屑嘑蹴，達不冒素餐，不以貧賤饑渴累其心，不以聲色臭味汨其性，養身者宜作如是觀。」〔註106〕

《別傳》曰〔註107〕：「頤何以用觀也？有頤以氣，有頤以粒，有頤以飲，有頤以息。此虛靈之門戶，非返觀內照，無以識其神之所在也。」

《象》曰：山下有雷，頤。君子以慎言語，節飲食。

「雷，聲於震，蟄於乾坎艮。艮，東北。冬而未春之交，山下有雷，陽氣之緘藏者方密。」〔註108〕君子法之，而知頤之道。程伊川曰〔註109〕：「能盡

〔註105〕見《孟子·告子上》。
〔註106〕見張振淵《周易說統》卷四《頤》。按：趙汸《周易文詮》卷一《頤》：「頤何以貞則吉？蓋養惟以正則身心有主，物慾不染乃吉也。其所謂觀頤者，純乎性命之正。學聖道而不溺於虛無，崇正學而不流於術數，養德者宜作如是觀。所謂自求口實者，觀其自養之道，一皆出於義理之正。如窮不屑嘑蹴，達不冒素餐，養生者宜作如是觀。反觀之功，是在養正者加之意耳。」蔡清《易經蒙引》卷四下《頤》：「觀其所養之道，如集義以養氣，寡欲以養心。學聖道而不溺於虛無，崇正學而不流於術數，則所以養德者正矣。」
〔註107〕見張振淵《周易說統》卷八《頤》。按：此指二十五卷本《周易說統》，十二卷本無。
〔註108〕見胡居仁《易像鈔》卷九《頤》。
〔註109〕程頤《伊川易傳》無此語。

飲食之道，則能盡語言之道；能盡語言之道，則能盡去就之道；能盡去就之道，則能盡生死之道。」

病從口入，禍從口出。「言語一出而不可復入，飲食一入而不可復出。」〔註110〕

楊廷秀曰〔註111〕：「慎言語非默，當其可則諫死不羨括囊。節飲食非矯，當其可〔註112〕則采薇不羨林肉。」

初九：舍爾靈龜，觀我朵頤，凶。「龜」，石經作「龜」。

《象》曰：「觀我朵頤」，亦不足貴也。

晦庵謂《頤》卦最為難看〔註113〕，蓋謂二、四、五「顛頤」、「拂經」同，而吉凶異也。今據相沿之說，謂下卦主自養，上卦主養人，自養者不可求人，而養人者不可不求賢，以為一卦六爻之義，不知有當於經旨否也。

「禮云口容止以養廉也。天地萬物皆上動下止，物之下動上止惟頤為然。動以止為主，養以靜為正。」〔註114〕故下三爻動之體，凶；上三爻止之體，吉。

初九，正觀頤之始也。德剛性動，德剛則足以自養，性動則不能知止，故設為爾我之詞以戒之。爾即我也，己有貴而己棄之，是以我為爾也。我非爾也，人有欲而己慕之，是以爾為我也。我者，內之也；爾者，外之也。內外交亂，主不勝客，凶可知矣。王輔嗣曰〔註115〕：「安身莫若不競，修己莫若自保，守道則福至，求榮〔註116〕則辱來。」私記。

《老子》曰：「不見可欲，使心不亂。」士人從事學問，莫說逐臭慕羶，但遇朵頤而一側目流盼，便如朝衣朝冠陷於塗炭，古人揮鋤不顧，有以也。私記。

龜千年生毛。龜壽五千年謂之神，龜萬年曰靈。予少年讀書武林，一日路由錢塘門內，見書肆一書，約三四十紙，中載朵頤事云「朵頤：腹大項短，食物無厭」，出雲南某處，擬歸時買此書，竟不復得。經今數十年，「腹大項

〔註110〕見蘇軾《東坡易傳》卷三《頤》。
〔註111〕見楊萬里《誠齋易傳》卷八《頤》。
〔註112〕「可」，《誠齋易傳》作「不可」。
〔註113〕黎靖德《朱子語類》卷七十一：「《頤》卦最難看。」
〔註114〕見郝敬《周易正解》卷九《頤》。
〔註115〕王《注》見《周易正義》卷五《頤》。
〔註116〕「榮」，《周易正義》作「祿」。

短」八字耿耿不忘。玩文，「朵頤」與「靈龜」對，明是貪穢之物，說者以為欲食之貌，此是臆解。凡道理可以揣摩，鳥獸草木之類必須有據，予之說不知出雲南何地，又不能實指何書，見者必謂杜撰，存之以俟博雅考正。

六二：顛頤，拂經於丘頤，征凶。

《象》曰：六二「征凶」，行失類也。

鄭申甫曰〔註117〕：「陽實陰虛，實能養人，虛待人以養，故四陰爻皆有求於人者也。上養下，下自養，故下三爻皆為自養也。初為陽，實可以無求，而亦『觀我朵頤』，是以不足貴。二、五正應，兩陰不能相養。上能養而又非正應，是以君子貴自立也。」

又曰〔註118〕：「自上求下曰顛。君養民，民亦養君。父養子，子亦養父。『顛頤』何病？六二之『顛頤』，不若六四『顛頤』之吉者，失在於非正應也。德不足動人，人不求我而我求人，在上在下均不可也。求之下，貽羞士類而已。若拂正應之常理，越五而求於上，必且有凶。丘謂上也。六二之『丘頤』，何以異於六五之『從上』，五之求上賴其養以養人也，二之求上賴其養以自養也。養人自養，則其品分矣。」

胡庭芳曰〔註119〕：「二之『顛頤』與四同，『拂經』與五同，而吉凶異者，頤養之道以安靜為無失。二動體，故『顛頤』而『凶』；四、五靜體，故雖『顛』、『拂』亦『吉』。震三爻凶，艮三爻吉可見矣。」

質卿曰〔註120〕：人各有類，行無失其類則相應相求。感之易動，即代之養而不言恩，受其養而不言惠。二之『征凶』，正以『行失其類』也。

朱康流曰〔註121〕：「夫下之事上，上之惠下，正也。故觀自養於下體，以無所奉為凶；觀所養於上體，以有所施為吉。下不干上，上不剝下者，正也。故觀自養於下體，以有求於上為凶；觀自養於上體，以無求於下為吉。」

馮元敏曰〔註122〕：「二求養於下，則顛倒而拂其常，惟安於丘園，所以頤也。若更往求上，必失類而凶矣。故曰『於丘頤，征凶』。」附錄。

〔註117〕不詳。
〔註118〕見張振淵《周易說統》卷四《頤》。
〔註119〕見胡一桂《易本義附錄纂疏·頤》。
〔註120〕見潘士藻《讀易述》卷五《頤》。
〔註121〕見朱朝瑛《讀易略記·頤》。（《四庫全書存目叢書》經部第24冊，第769頁）
〔註122〕見馮時可《易說》卷二《頤說》。

王修齡嘗在東山，甚貧乏。陶道則為烏程令，送米一船，卻不肯取。直荅云：「王修齡若饑，自當就仁祖索食，不須陶道則米。」〔註123〕此可為不失其類矣。私記。

六三：拂頤，貞凶，十年勿用，無攸利。

《象》曰：「十年勿用」，道大悖也。

經可拂反，經猶可合道，故「貞吉」。頤不可拂，拂頤則悖道，故「貞凶」。頤至貞凶極矣，而復曰「十年勿用」，三百八十四爻從無此語，而獨於「拂頤」言之，何也？有身而後有天下國家。養之為道，身心性命所關。如以藥石養生，以梁肉伐病，以嗜欲殺身，以貨財殺子孫，以學術殺天下後世之人，皆「拂頤」之類也〔註124〕，其可用乎？「十年勿用」，言千萬世不可用也。「無攸利」，正勿用之。故《象》止釋「勿用」一語，意深遠矣。私記。

六四：顛頤，吉。虎視眈眈，其欲逐逐，无咎。《說文》：「眈，視近而志遠也。從目。」

《象》曰：「顛頤」之吉，上施光也。

何閩儒曰〔註125〕：「二本與上卦之五為應，反倒從乎初，顛而下也。四本與下卦之初為應，反倒從乎上，顛而上也。夫四之顛與二同，而無拂之嫌、有吉之美者，何也？二狥人而喪己者也，四捨己以從人者也。人己之間，理欲判矣。」吳因之曰〔註126〕：「人臣為國養民，多要下士之虛聲，鮮好賢之實願，故借『眈眈』、『逐逐』四字發出，吐握虛衷，見其誠切而懇至也。」潘去

〔註123〕明·徐樹丕《識小錄》卷三《士君子自好》：「王脩齡嘗在東山，甚貧乏。陶胡奴為烏程令，送一舩米遺之，卻不肯取，直答云：王脩齡苦饑，自當就仁祖索食，不須陶胡奴米。」

〔註124〕潘士藻《讀易述》卷五《頤》：「質卿曰：『拂頤大悖乎養道，如以藥石養生，以梁肉伐病，以嗜欲殺身，以貨利殺子孫，以學術殺天下後世之人心，皆拂頤之類也，故『貞凶，十年勿用，無攸利』』。」

〔註125〕見何楷《古周易訂詁》卷三《頤》。

〔註126〕見張振淵《周易說統》卷八《頤》。按：此指二十五卷本《周易說統》，十二卷本無。

另外，曹學佺《周易可說》卷二《頤》：「以上求下，故曰顛。求賢以養萬民，故曰吉。『顛頤，吉』是就其事而與之。『虎視』以下是因其事而勉之。人臣為國養賢，多要下士之虛名，鮮有好賢之實願，故曰下而專求，而繼言其誠切而懇至也。」

華曰〔註127〕：「上九為頤之主，養君德、養天下皆其能事，故六四之吉曰『上施光』。六五之吉曰『順以從上』。」

吳草廬曰〔註128〕：「自養於內莫如龜，求養於外莫如虎。」荀九家以艮為虎。〔註129〕

六四之「顛頤」，有以初為言者，有以上為言者，迄無定論。觀《象傳》「上施光」句，覺指上為妥當。凡爻詞當以《象傳》為據，外此皆杜撰也。

「眈眈」，虎下視貌。虎無項，不能左右顧，行嘗垂首，下視於地。性固殘忍，然吞噬甚專，逐一物者不逐他物，彼虎先得者，此虎不之奪。

六五：拂經，居貞吉，不可涉大川。

《象》曰：「居貞」之吉，順以從上也。

二、五相應，經也。二不應五而求養於初，五不應二而求養於上，是「拂經」也。既已「拂經」而曰「居貞吉」者，五以陰柔居君位，有養人之責，而無養人之才。上九陽剛，一世所賴以養者，五惟順以從上，則上之功即五之功，故曰「居貞吉」。以「拂經」為「貞」，所謂反經行權，適合於正也。「不可涉大川」即「居貞」之意，而申戒之。五只是守定主意，虛心委任。若好大喜功，妄有舉動，如涉大川，非徒不利，抑且不可居貞吉。「不可涉大川」是一正一反之語。六五艮體，有「居貞」之象，與六二震體「征凶」相反。

胡仲虎曰〔註130〕：「五獨不言頤者，由豫在九四，故五不言豫；由頤在上九，故五不曰頤也。然彼貞疾而此貞吉，彼以柔乘剛，此以柔承剛也。六二亦『拂經』，而彼凶此吉者，下三爻動皆凶，上三爻靜皆吉也。」

上九：由頤，厲吉，利涉大川。

《象》曰：「由頤，厲吉」，大有慶也。

陽實陰虛，實者養人，虛者求人之養，故四陰皆求養於陽。〔註131〕然養

〔註127〕見潘士藻《讀易述》卷五《頤》。
〔註128〕見吳澄《易纂言》卷一《頤》、張振淵《周易說統》卷四《頤》。又見焦竑《易筌》卷二，不言係引用《頤》。
〔註129〕吳澄《易纂言外翼》卷一《象例第七》、張振淵《周易說統》卷四《頤》。
〔註130〕見胡炳文《周易本義通釋》卷一《頤》。
〔註131〕來知德《周易集注》卷六《頤》：「陽實陰虛，實者養人，虛者求人之養。『自求口實』者，自求養於陽之實也。」
　　　　明·郝錦《九公山房易問》卷上：「問：初九捨己求四，何以凶？曰：因四應己故求。求便動於欲，便凶。若曰試看爾求的四何等陰柔，連他也不能自

人之權在上，以上為主，故曰「由頤」。言莫不由之以得養也，任大責重，必其難其慎，然後成功，故「厲吉」。必奮身有為，方塞君民之望，故「利涉大川」。

何閩儒曰〔註132〕：「以象言，人得食則頤，動是頤之所以為頤者，震也。然震不自動，繫於艮而後動。艮不止之於其上，則震雖動，不能也，則其所以為頤者，艮也。以理言頤之，道吉於靜，而凶於動也。動以求養，靜而知止，養道之善者也。不止則妄動，而失所以養矣。上九，艮主爻也，貞於止者也，故曰『由頤』，由其能止也。口腹之欲不得騁，故厲而得吉。若此者，直養無害，將塞乎天地之間，於大川何有？」

馮元敏曰〔註133〕：「五『不可涉大川』，上曰『利涉大川』者，君不可喜功，臣不可避事也。君喜功而天下不得養矣，臣避事而天下失所養矣。」

黃成孫曰〔註134〕：「艮三爻皆吉，震三爻皆凶。今夫外狥者內喪，故初曰『舍爾靈龜，觀我朵頤』。逐於末者，其本必顛，故二曰『拂經於丘頤，征凶』。以其所以養害其所養，則弗能為也，故三曰『拂頤，十年勿用』。此震體也，皆動而凶者也。瞑而馳者，見乎四海，馳而視之，不觀乎車之下，則靜者常察也，故四曰『虎視眈眈，其欲逐逐』。當其不可為而不為，則其不為之也功，故五曰『拂經，居貞吉，不可涉大川』。動者病矣，然靜而不能動，則靜者常死，夫惟天下之至靜，而後能動，故上曰『由頤，厲吉，利涉大川』。此艮體也，皆靜而吉者也。」

養，如何還養得爾？觀我朵頤，四的朵頤方且下而求養於爾矣，如何還去求他？蓋陽實陰虛，實者宜養人，虛者求人之養，故初凶四吉也。」

〔註132〕見何楷《古周易訂詁》卷三《頤》。

〔註133〕見馮時可《易說》卷二《頤》。此外，呂巖《呂子易說》卷上《頤》，云：「六五以陰柔居上，僅於自養者也。夫養天下者，乃君之大經也。今不能以善養人，而用人以養，是為『拂經』之甚也。然居貞守志，果能篤於任賢，則天下亦蒙其澤，可得為吉也。若冒昧行之，養無所備，其為涉川之險，何恃而不恐哉！上九以剛陽處極，責任既重，施予亦繁，不可不存心惕懼，保其弘濟之安，故曰『由頤，厲吉，利涉大川』也。然六五過則為拂，吉之在貞；上九濫則為瀆，吉之在厲。一曰『不可涉大川』，一曰『利涉大川』者，君不可喜功，臣不可避事也。君喜功而天下不得養矣，臣避事而天下失所養矣，皆非頤之道也。」

〔註134〕見曹學佺《周易可說》卷二《頤》、焦竑《易筌》卷二《頤》。另外，蔡淵《周易經傳訓解》卷上《頤》云：「養正之道，惟安靜為能無失，故震三爻皆凶，而艮三爻皆吉也。」

「頤，貞吉」，正則吉，自求則正。自王公大人以至匹夫匹婦，或以德養，或以力養，或以一人養天下，或以天下養一人，要皆自求其口實，為龜可也，為虎可也，獨不可為「朵頤」耳。天子而朵頤，則凶於爾國。庶人而朵頤，則凶於爾身。最悖者，莫若「拂頤」。拂則雖正亦凶。最利者莫若「由頤」，由則雖厲亦吉。由者，質任自然之謂，萬鍾可受，簞豆可卻，雖遇風波，而齏雪吞氈，其甘如飴。拂者，反道亂德之謂，或縱慾敗度，或矯情滅性，終身在飯籮邊，作餓死漢，亦有何用？由者，正也。拂者，非正也。正在自求，求在反觀，頤之道盡於斯矣。私記。

大過䷛ 巽下兌上

大過：棟橈。利有攸往，亨。《說文》：「過，度也。從辵咼聲。」《疏》〔註135〕謂過越之過，非經過之過。棟，屋脊之木，所以承椽瓦者也。郝仲輿因澤木之說，以為橋樑〔註136〕，似太拘。橈，俗從手，石經從木，音鬧。枉也，摧折也。

《彖》曰：大過，大者過也。「棟橈」，本末弱也。剛過而中，巽而說行，「利有攸往」，乃「亨」。大過之時大矣哉！

蘇子瞻曰〔註137〕：「二、五者，用事之地也。陽踞用事之地，而擯陰於外，謂之『大過，大者過也』。陰踞用事之地，而囚陽於內，謂之『小過，小者過也』。過之為言，偏盛而不均之謂也。易之所貴者，貴乎陽之能御陰，不貴乎陽之陵陰而蔑之也，陰衰則陽失其資矣。卦中四陽，棟也。初、上者，棟之所寄也。弱而見擯，則不任寄矣，棟之所以橈也。」

潘去華曰〔註138〕：「四陽之卦亦多，何獨此稱大過？謂其居中過盛，朋

〔註135〕《周易正義》卷五《大過》：「正義曰：『相過者，謂相過越之甚也，非謂相過從之『過』，故《象》云『澤滅木』。是過越之甚也。』」

〔註136〕郝敬《周易正解》卷九《大過》：「以木遇澤，有橋梁過涉之象。」

〔註137〕見蘇軾《東坡易傳》卷三《大過》。

〔註138〕潘士藻《讀易述》卷五《大過》云：「陽為大，為君子。當大過之時，剛實於內，朋聯勢合，操持太嚴，議論太高，刻覈太至，不能消濟柔和，平懷虛己，以至激厲不可收拾，是『大者過也』。凡陽盛者陰必衰，而卦之上下皆陰，本末弱也。本末弱，而中剛之重不可支，故棟橈曲也。室以棟為主。棟橈，室將傾焉，此大剛則折之象也。大過之時，非剛則無必反之力，非居中勢盛亦必不能反，非內巽而說以行之，則無善反之機。如此過而不過，可以抑中強之弊，扶本末之弱，故『利有攸往』乃吉也，即所謂『棟隆，吉』也。」又見曹學佺《周易可說》卷二《大過》，但未言係引用。張振淵《周易說統》

聯勢合，操持太嚴，議論太高，刻覈太至，不能調劑柔和，以至激厲不可收拾，是『大者過也』。凡陽盛者陰必衰，而卦之上下皆陰，「本末弱」而下無承借，上無附託，中剛之重不可支，故棟橈曲也。室以棟為主。棟橈，室將傾焉。此太剛則折之象。「大過之時」，非剛則無必反之力，非中非巽說則無善反之機。惟過而不過，規模氣魄不可向邇，而謹凜一念，毫不敢放，方可以抑中強之弊，而扶本末之弱，故曰『利有攸往，乃亨』。」「利有攸往」是工夫，不是事應。「乃亨」者，言必如此，乃得亨也。大過之時一失，不可復救，故其時之所繫甚大。

吳因之曰〔註 139〕：「天下事勢，常與吾精神意氣兩相湊合。吾自處於過外邊，事勢益極重難反。任是風波觸天，吾只按定把住船舵，亦漸平妥。若與風波互相震撼，則風波愈大。故大過人之才，止在巽說上見之，正不必張皇時事以為大耳。」

史繩祖曰〔註 140〕：『本末』二字皆從木，以一陽畫藏於木之下，則根株回暖，故為本；以一陽畫散於木之上，則枝葉向榮，故為末。卦象上缺下短，為『本末弱』。

張有如曰〔註 141〕：「《大過》陽為主，到底要陽剛做事。《小過》陰為主，到底要陰柔做事。故《大過》以剛得中為利，所謂『高明柔克』也；《小過》以柔得中為利，所謂『沉潛剛克』也。」

質卿曰〔註 142〕：「東京之氣節，初甚凜凜。及其過也，標榜太高，寖成黨禍。看來大過之時，相率而趨於浮動也甚易，相持而入於和平也甚難；相習而流於委靡也甚易，相勉而勤於砥礪也甚難。非明炳幾先者，不能燭其微；非持心公平者，不能挽其末。少動意氣，俄頃之間，覆國亡家，故其時為甚大。」

卷四《大過》有節引。另外，引文句首一句見何楷《古周易訂詁》卷三《大過》，云：「《易》中四陽之卦亦多，獨此名大過者，以此棟。」

〔註 139〕見張振淵《周易說統》卷八《大過》。按：此指二十五卷本《周易說統》，十二卷本無。

〔註 140〕見史繩祖《學齋占畢》卷四《大過本末弱未濟六爻失位》。又見潘士藻《讀易述》卷五《大過》、胡居仁《易像鈔》卷九《大過》、焦竑《易筌》卷二《大過》。

〔註 141〕不詳。

〔註 142〕見潘士藻《讀易述》卷五《大過》。

陸北沙曰〔註143〕:「陽雖為天地間之主,造化功用必須資陰以成,故配合停均,不可偏勝。勝之所在,皆造化之害也。《傳》所謂『本末弱』者,非其自弱,以上焉者過剛,御下下不能仰承而使之弱耳。不然,豈有自強自弱之理?」鄭申甫曰〔註144〕:「人身指大於臂,臂大於身,固不可也。使身軀壯偉,而手足尪羸,斯亦無用之人矣。」

卦以剛為主,大過所以得名者,此剛;所以棟橈者,此剛;所以利往者,此剛。蓋「惟大過,是以棟橈;惟棟橈,是以利往;惟利往,是以亨」〔註145〕。

《象》曰:澤滅木,大過。君子以獨立不懼,遯世無悶。

「『獨立不懼』,巽木象。『遯世無悶』,兌說象。」〔註146〕錢塞庵曰〔註147〕:「『獨立不懼』,如木在水中,挺持而不傾欹。『遯世無悶』,如水過木杪,湮沒而不呈露。」

初六:藉用白茅,无咎。
《象》曰:「藉用白茅」,柔在下也。

卦在初爻為本弱,似致橈之由。爻在初陰為有藉,又為持橈之道。蓋本雖弱而有弱之用〔註148〕,用以為棟則橈,用以為藉則无咎。剛以柔為資,高

〔註143〕 見張元蒙《讀易纂》卷二《大過》。《讀易纂》引「陸北沙曰」三則、「陸北沙說」一則,此處未言係引用。
〔註144〕 不詳。
〔註145〕 見何楷《古周易訂詁》卷三《大過》。
〔註146〕 見俞琰《周易集說》卷十二《大過》,稱「節齋蔡氏曰」。
〔註147〕 見錢士升《周易揆》卷四《大過》。按:此說早見吳澄《易纂言》卷五《大過》:
  君子大過人之事,其獨立不移也,如木在水中,挺特而不傾欹;其遯世不見也,如水過木杪,淹沒而不呈露。不懼於內,而無悶乎外,猶木不動搖,而任水之淹浸也。
  另外,崔銑《讀易餘言》卷三《大象說·大過》:
   獨立不懼也,或退必貞自守,樂道義之美。遯世無悶也,木在水中,特而不欹。獨立者,取之水過木杪,沒而不露;無悶者,以之君子,復善而誠,資善而德,可謂有養矣。
  何楷《古周易訂詁》卷三《大過》:
   君子用此卦象,獨立不懼,舉世非之而不顧也。如木在水中,挺持而不傾欹;遯世無悶,舉世不見知而不悔也,如水過木杪,淹沒而不呈露。
〔註148〕 曹學佺《周易可說》卷二《大過》:「初六本也,本雖弱而有弱之用,故无咎。」

以下為基也。不然,當四剛重壓之餘,不少殺其勢,而以剛觸剛,敗矣。弛而不張,君子不能也。張而不弛,君子不為也。一張一弛,文武之道也。

卓去病曰〔註149〕:凡事不可徑而行,苟而合也,必有藉,藉則有安頓,有承受,皆學問中工夫,故相見而煩介紹之儀,建功而為退休之地,治心而有遊藝之功,皆藉也。藉者,借資而行正者也。

屋脊承椽瓦之木曰棟,是木之橫者也。初為本,上為末,「本末弱」指棟之本身而言。爻言初「柔在下」,上柔「滅頂」,是木之縱者,所以承棟,非棟也,乃柱也。至三、四則仍取卦義。聖人不執一若此。私記。

在下曰藉。古者祭祀,縮酌沃灌,薦牲薦黍稷,皆藉以茅。《左傳》「爾貢包茅不入,無以縮酒」是也。巽為白,又為茅。初柔在下而承剛,如白茅,藉物之象。

九二:枯楊生稊,老夫得其女妻,無不利。

《象》曰:「老夫」「女妻」,過以相與也。

剛過之時,須以柔制。二與初比,得其陰柔以自滋養。敬夫所謂「扶衰於上,枯木生稊,借潤於下,真陰內助」〔註150〕者也。王《注》〔註151〕:「老過則枯,少過則稚。以老分少,則稚者長;以稚分老,則枯者榮。」此言老夫女妻均受其益也。玩語氣,當以老夫為主,女妻為輔。《象》曰「過以相與」,老夫過銷,女妻過盈,以有餘補不足,以至壯扶至衰,所謂「枯楊生稊」者以此。

卓去病曰〔註152〕:「凡人之情,夫老妻少則妻倨而夫恭,老夫以此待女妻,一切興生作務可以相安,何有不利國家?有事之時,折節下交,以匹夫為友,以君臣為兄弟,毫無疑忌,則興撥事業,何有不成?」「枯楊是本卦正像,老夫、女妻又即上意而發明之,象中之象也。」故象單釋『老夫女妻』一句。

〔註149〕見卓爾康《周易全書·大過》。(四庫全書存目叢書補編第 90 冊,第 277～278 頁)

〔註150〕張載《橫渠易說》卷一《大過》:「扶衰於上,使枯木生稊;拯弱於下,使微陰獲助。此剛中下濟之功,亦自獲助於物也。」張栻(字敬夫)《南軒易說》(殘本)未見此語。

〔註151〕見《周易正義》卷五《大過》。

〔註152〕見卓爾康《周易全書·大過》。(四庫全書存目叢書補編第 90 冊,第 278～279 頁)

呂仲木曰〔註153〕：「『過以相與』，言其相與之過非尋常夫婦可及也。在難之君而獲撥亂之臣，其情甚於魚水。起家之父而遇克家之子，其心通乎鬼神。」

錢塞庵曰〔註154〕：「巽曰女妻，兌曰老婦者，初少而上老也。二曰老夫，五曰士夫者，二老於初，五少於上也。又上六在卦終為老婦，九五在三陽之後為士夫。」

楊中立曰〔註155〕：「四爻之剛，雖同為木，然或為棟，或為楊。棟負眾橑，木之強者也。楊為早凋，木之弱者也。此卦本末皆弱，二近於本，五近於末，故均為木之弱也。」

巽為木，兌為澤，木在水中易毀，惟楊易生，故取楊之象。楊用修云〔註156〕：「《夏小正》：『正月柳稊。』《傳》云：『發孚也。』毛未出卵曰孚。柳初發苞如卵形，故曰發孚。」按：楊無根而反生，枝之下垂秀亦可以為根，故取稊之象。

九三：棟橈，凶。

《象》曰：「棟橈」之「凶」，不可以有輔也。

卦詞言棟，指二、三、四、五。爻詞專及三、四者，舉中樞也。三以剛居剛，故「棟橈」之「凶」，九三獨當之。卦言橈，太柔則廢。爻言橈，太剛則折。《象》曰「不可以有輔」，不徒曰不可輔，而曰不可有輔，滿朝君子不能相容，雖欲輔，安得而輔？雖欲不橈，安得而不橈？

程《傳》〔註157〕：「三，巽體而應於上，豈無用柔之象？曰：言《易》者，貴識勢之重輕，時之變易。三居過而用剛，巽既終而且變，豈復有用柔之義？」

司馬君實云〔註158〕：「大過則已過矣，止可濟之以柔，不可濟之以剛，故大過之陽，皆以居陰為吉，不以得位為美。」

〔註153〕見呂柟《周易說翼》卷一《大過》。
〔註154〕見錢士升《周易揆》卷四《大過》。
〔註155〕見馮椅《厚齋易學》卷十六《大過》，稱「蜀僧曰」；王宗傳《童溪易傳》卷十三《大過》，稱「蜀人之浮屠者曰」；胡廣《周易大全》卷十一《大過》，稱「龜山楊氏曰聞之蜀僧云」；姜寶《周易傳義補疑》卷四《大過》，稱「楊龜山曰聞之蜀僧云」。
〔註156〕見楊慎《升菴集》卷四十一《楊稊柳稊》。
〔註157〕見程頤《伊川易傳》卷二《大過》。
〔註158〕見司馬光《易說》卷二《大過》，又見李簡《學易記》卷三《大過》。

孫聞斯曰〔註159〕：「九三以剛居剛，位之最正者也。當大過，則愈正乃愈過，愈過乃愈凶。」凶乃三之分內事，到其間，非徒不容趨避，抑且不容商量。非徒人不能輔，抑且已不可有輔。凡可以有輔者，皆非水窮山盡之論也。

九四：棟隆，吉。有它，吝。隆，從阜從夆。「他」，石經作「它」。
《象》曰：「棟隆」之「吉」，不橈乎下也。

卓去病曰〔註160〕：「當大過之時，以大過人之才，為大過人之事。才大智雄，籠蓋一世。所少者，巽順小心一段委曲工夫耳。今以陽居陰，當巽之終，處說之始，卦所謂『剛過而中，巽而說行』，正是此爻，故為『棟隆之吉』。『有它，吝』，諸家皆言應在初六，以柔濟之，故吝。然『他』字實非應義。《子夏傳》曰：非應稱他是也。九四一爻，《大過》之最善者也。然處多凶多懼之地，事起不虞，變生不測，凡事自吉而趨凶者，正未可知，故以『它吝』為警。與《比》之『有他，吉』一例。指三固非，指應亦泥。」李季辨謂〔註161〕九三上實下弱，九四下實上弱；鄭少梅謂〔註162〕四應初救其本，三應上救其末；俱非本旨。

二、五爻詞俱無吉語。三、四居一卦之中，當棟樑之任，主張世道，藉此兩人。九三任大過之責，九四處大過之道。九三以剛居剛，才大心雄，目中無人，人亦無從糾其末議，勢必一蹶不收，此是豪傑一大病。故周公懼之以「凶」，夫子指其病根曰「不可有輔」。九四剛柔相濟，任重致遠之器，但恐其虛懷兼聽，開議論之門，搖是非之柄，漸至國勢凌替，主威不振。故周公戒以「有他」，夫子贊其「不橈」。夫任天下事，而可使下人橈之哉？合二爻觀之，自用不可，不自用不可，大臣之道思過半矣。私記。

〔註159〕見卓爾康《周易全書·大過》。四庫全書存目叢書補編第90冊，第280頁。
〔註160〕見卓爾康《周易全書·大過》。四庫全書存目叢書補編90冊第280頁。
〔註161〕李過《西溪易說》卷六《大過》：「下卦上實而下弱，下弱則上傾，故三居下卦之上而曰『棟橈，凶』。《象》曰『不可以有輔也』，言下弱而無助也。」「上卦上弱而下實，下實則可載，故四居上卦之下，而曰『棟隆，吉』。橈在上六，非己吝，故曰『有他，吝』。《象》曰『不橈乎下也』，謂下實也。此二爻當分上下體看。」
〔註162〕胡廣《周易大全》卷十一《大過》：「合沙鄭氏曰：『大過棟橈，由本末弱，然實以本為重。四居大臣之位，而應乎初，救其本也救其本於未過之初，故棟隆而不橈乎下。其下不橈，其棟烏得而不隆哉！三所居不得位，而應乎上，救其末也。救其末於已過之後，故棟橈而不可以有輔。則知救過於其末，不若救過於其本也。』」

子瞻曰〔註163〕：「初、上非棟也，棟之所寄而已。所寄在彼，而棟隆見於此。初六不撓乎下，則九四『棟隆』。上六不足以相輔，則九三『棟橈』。棟之隆也，非初之福，而四享其利。及其橈也，上亦不與，而三受其凶。故大過之世，知者以為陽宜下陰，而愚者以為陰宜下陽也。」

張彥陵曰〔註164〕：「初象則曰『柔在下』，四象則曰『不撓乎下』。合而觀之，其義自見。」

九五：枯楊生華，老婦得其士夫，无咎無譽。

《象》曰：「枯楊生華」，何可久也？「老婦」「士夫」，亦可醜也。

九五陽剛之極，又比過極之陰，故其象如此。〔註165〕子瞻曰〔註166〕：「盛極將枯，而又生華，以自耗竭，如火將滅而復明，不能久矣。稊者顛而復蘗，反其始也。華者盈而畢發，速其終也。」

九二象詞止釋「老夫」一句，五則不勝其詆詞，何也？當元氣銷鑠之餘，為浮誇之事，用新進喜事之人，自促其亡，倍增其醜，故深恨之也。私記。

郭立之曰〔註167〕：「老夫得女妻，以剛乘柔，剛為主。老婦得士夫，以柔乘剛，柔為主。欲資陰而反為陰所駕，失夫義矣，故曰『可醜』。」

古為曰〔註168〕：「二以剛居柔，初以柔居剛，此不過者也。又在卦初，故可以『相與』。五以剛居剛，上以柔居柔，皆過者也。又在卦末，故詆以為『醜』。」

〔註163〕見蘇軾《東坡易傳》卷三《大過》。

〔註164〕見張振淵《周易說統》卷八《大過》。按：此指二十五卷本《周易說統》，十二卷本無。

〔註165〕朱熹《周易本義》卷一《大過》：「九五陽過之極，又比過極之陰，故其象占皆與二反。」

〔註166〕見蘇軾《東坡易傳》卷三《大過》。

〔註167〕郭忠孝，字立之。《經義考》卷二十一著錄郭忠孝《兼山易解》二卷。陸游《渭南文集》卷二十七《跋兼山先生易說》：「郭立之從程先生遊最久。程先生病革，猶與立之有問答語，著於語錄。而尹彥明獨謂立之自黨論起，即與程先生絕，死亦不弔祭，蓋愛憎之論也。立之子雍，字子和，屏居峽中，屢聘不起，亦著《易說》，得其家學。蓋程氏《易》學，立之父子實傳之。淳熙甲辰二月三十日甫里陸務觀云。」《厚齋易學》引「郭立之曰」、《大易粹言》引「兼山郭氏曰」較多。

按：錢士升《周易揆》卷四《大過》：「二言老夫得其女妻，此倒言老婦得其士夫者，初六以柔承剛，九二為主；上六以柔乘剛，九五不能為主也。欲資陰而反為陰所駕，失夫義矣，故醜之。」

〔註168〕見胡廣《周易大全》卷十一《大過》，稱「古為徐氏曰」。

「无咎無譽」，是和解之語，與《坤》爻詞有別。蓋老婦士夫，婦必譽其夫，夫必咎其婦。咎固啟譽，譽亦取厭。大過之時，非類相逢，美者自美，不知其美；惡者自惡，不知其惡。相與於無相與，此處大過之良法也。君臣父子之間，苟非明良相遇，合門孝友如此者亦多矣。《繫辭》曰「近而不相得則凶，或害之悔且吝。」私記。

上六：過涉滅頂，凶，无咎。

《象》曰：「過涉」之「凶」，不可咎也。

上以陰柔處過極之地，三本應而不可輔，五雖比而不可久。兌澤用事，「過涉滅頂」之象。然於義為无咎，蓋殺身成仁之事。《象》曰「不可咎」，見危授命而功不濟，亦有從而議其非者，聖人正之曰「不可咎」。「過涉滅頂」而又咎之，則鄉愿之道行，見利忘義者得志矣。〔註169〕

顏應雷曰〔註170〕：「激揚風流、廉頑起懦者，恒在於絕塵萬物之表，而不在於事求可、功求成之輩。感動天地、興起秉彝者，恒在於仗劍不顧，就死如歸之義，而不在於乘時勢、立名稱之徒。若籌計量功，急權用術，則管、商高於孤竹，桓、文可先孔、孟矣。」

胡仲虎曰〔註171〕：「初六過於畏懼，上六過於決裂。初者四之始，上者事之極。」救大過只可救其本，不可救其末。

孫淮海曰〔註172〕：「論全卦，則三、四剛不中，是過在三、四，不在二、

〔註169〕楊簡《楊氏易傳》卷十《大過》：「古者有志之士，見危授命，而功不濟，亦有後而議其非者，故聖人正之曰『无咎』，又曰『不可咎』也。過涉滅頂而又咎之，則鄉原之道行，而見利忘義者得志矣。」

〔註170〕不詳。

〔註171〕胡炳文《周易本義通釋》卷一《大過》：「初六『藉用白茅』，過於畏慎者也，故『无咎』。上六過『涉滅頂過』，於決裂者也，故其事雖凶，於義亦无咎。然亦惟其時而已。初者事之端，能慎其端以往，可無失。上者事之極，極則不可以有為矣。故本義以殺身成仁之事當之。」

〔註172〕胡廣《周易大全》卷十一《大過》：「建安丘氏曰：『《大過》四陽二陰，陽過乎陰，論全卦，則三四兩爻重剛不中，過者也。重剛而不中，則是過在三、四而不在二、五。論爻位，則二、四以剛居柔，不過者也，故一吉而一利；三、五以剛居剛，過者也，故一凶一可醜。是過在三、五而不在二四。觀爻所指之辭可見矣。至初、上二柔，亦以不過者為美。然初陰伏於四陽之下，承剛也，故『藉用白茅，无咎』；上陰躐乎四陽之上，乘剛也，故『過涉滅頂，凶』，是知處大過之世，不惟不欲剛之過，而柔亦不容過於剛也。』」
按：原出孫應鼇《淮海易談》卷二《大過》，稱「丘氏曰」。(《四庫全書存目叢書》經部第7冊，第668頁)

五。論爻位，則二、四以剛居柔，三、五以剛居剛，是過在三、五，不在二、四。初在四陽之下，以陰承陽，故『无咎』。上在四陽之上，以陰乘陽，故『凶』。可見大過之時，不惟剛不可過，柔亦不可過也。」

錢塞庵曰〔註173〕：「此卦四陽二陰，二比初，四應初，皆利；三應上，五比上，皆不利。二以剛居柔，初以柔居剛，此過而不過者也；五以剛居剛，上以柔居柔，此過而過者也。又二、四與本相與，救橈先本也；三、五與末相與，救於末則無及矣。又本屬巽，主生氣，用事為長、為高；末屬兌，主殺氣，用事為毀折、為附決。」

馮奇之曰〔註174〕：「易卦畫上下兩停者，從中反對為象，非他卦相應之例，《頤》、《中孚》、《小過》皆然。而此卦尤明三與四對，二與五對，初與上對，玩詞可見。」

古曰「德者本也」，又曰「太子天下本」，又曰「民惟邦本」，此云「本末弱」，將以何者為本？何者為末耶？揣摩其時，殆漢武之世可以當之。武帝雄才大畧，橫絕千古，公卿百執事崇文用武，各極其盛，所謂四陽居中，「大者過也」。然言乎身則內多欲，言乎家則太子不得其死，言乎天下則民窮財盡，幾為亡秦之續，豈非本末弱耶？幸而付託得人，廢昏立明，漢業復隆。枯楊之稊、女妻之得、棟隆之吉，昭光君臣之際兼有之矣。私記。

胡庭芳曰〔註175〕：「《大過》以四陽在中言，《小過》以四陰在外言，此

〔註173〕見錢士升《周易揆》卷四《大過》。
〔註174〕見馮椅《厚齋易學》卷十六《大過》。
〔註175〕胡一桂《易本義附錄纂疏・大過》：「愚謂過有過多之意，大小則以陰陽言。大過陽多於陰而稱大，小過陰多於陽而稱小。然《大過》以四陽在中言，《小過》以四陰在外言者，以陽自內而過者為主，陰自外而過者為客，亦內陽外陰之微意。」
而董真卿《周易會通》卷六：「雙湖先生曰：『乾為首，頂亦乾象。九五，頂也。上六處五上，減其頂也。過只取過多之意，大小則以陰陽言。大過陽多於陰而稱大，小過陰多於陽而稱小。或曰：《頤》與《大過》對者也，何不喚作《小過》？《中孚》與《小過》對者也，何不喚作《大過》？蓋《大過》以四陽在中言，《小過》以四陰在外言，此是聖人內陽外陰之微意。以陽自內而過者為主，陰自外而過者為客。《大過》四陽過盛於內，而主勝於客。若《頤》之四陰在內，不可以陰為主矣，故不名之曰小過，而自取象於頤。《小過》四陰過盛於外，而客勝於主。若《中孚》之四陽在外，不可以陽為客矣，故不名之曰大過，而自取象於中孚。況當大過之時，陽之在內者四，而陰之在外者惟二，陽盛而陰衰也。今至於小過，陽之在內者僅存其二，陰之在外者漫消陽而有四，是陰反盛而陽反衰矣。此大過、小過之義也。』」

是聖人內陽外陰之微意。以陽在內而過者為主，陰在外而過者為客。《大過》四陽過盛於內，主勝於客，若《頤》之四陰在內，不可以陰為主矣，故不名之曰『小過』，而自取象於『頤』。《小過》四陰過盛於外，客勝於主，若《中孚》之四陽在外，不可以陽為客矣，故不名之曰『大過』，而自取象於『中孚』。」

鄧潛谷曰〔註176〕：「《頤》震合艮，《大過》巽合兌，曰〔註177〕偏卦合體，陰陽不合不交，而二體六爻，陰陽配偶則亦反對也。《頤》始動於下，終止於上，盡陽道之運行；《大過》下巽內入，上兌外說，竭陰德之情狀。蓋《大過》陽中陰外，象《坎》；《頤》外實內虛，象《離》。於以啟《坎》、《離》之先，收上經之終。《頤》震艮合，男；《大過》巽兌合，女。又以成《咸》、《恒》之交，開下經之始。上經尊陽，《頤》四陰，卦主二陽以為養；《大過》二陰，卦不主陰，主四陽，過盛名焉，尊陽也夫。」

坎䷜ 坎下坎上

習坎，有孚，維心亨。行有尚。《說文》：「坎，陷也。從土㰱聲。」「㰱」，今作「欠」。習，鳥數飛也。又串習慣熟也。從羽從白。《石經》從日。《舉正》「習坎」上有「坎」字。按：古「維」字與「唯」、「惟」通用，詩中凡「惟」義，皆用「維」字。

《彖》曰：習坎，重險也。水，讀。流而不盈，行險而不失其信。「維心亨」，乃以剛中也。「行有尚」，往有功也。天險，不可升也。地險，山川丘陵也。王公設險以守其國。險〔註178〕之時用大矣哉！

「鑿險而陷物曰坎。坎乃水之所行，非訓水也。」〔註179〕「乾畫，天一之水也。坤畫，兩岸之土也。」〔註180〕習有二義〔註181〕：一謂重習，即重疊

〔註176〕見鄧元錫（字汝極，號潛谷）《易經繹》卷五（《四庫全書存目叢書》經部第149冊，第511頁）。又見胡世安《大易則通》卷九《周易序卦象義》，但不言係引用。

〔註177〕「曰」，鄧元錫《易經繹》、胡世安《大易則通》均作「四」。

〔註178〕「險」，《周易集解》同，《周易正義》、《伊川易傳》、《周易本義》均作「坎」。

〔註179〕見何楷《古周易訂詁》卷三《坎》。另外，黃正憲《易象管窺》卷六《坎》：「鑿險而陷物曰坎，乃水之所行，非訓水也。」按：蘇軾《東坡易傳》卷三《坎》：「坎，險也，水之所行，而非水也。」蘇說又見潘士藻《讀易述》卷五《坎》、張振淵《周易說統》卷四《坎》，其中《讀易述》未言係引用。

〔註180〕見吳澄《易纂言》卷一《坎》。又見崔銑《讀易餘言》卷一《坎》、何楷《古周易訂詁》卷三《坎》，不言係引用。

〔註181〕《周易正義》卷五《坎》孔《疏》：「『習』有二義：一者習重也，謂上下俱

也；一謂便習，即服習也。「重險」即重疊之義，「流而不盈」即服習之義。「水不流，喚做死水；人不習，喚做死人。」〔註182〕

荀慈明曰〔註183〕：「陽動陰中，故『流』。陽陷險中，故『不盈』。」按：不盈則平。平者，水之性也。行於溪谷江河之中，高深曲折，歷盡艱難，所謂「行險」也。行險若不平而平之，性終不失，故曰「行險而不失其信」。舊以「不失其信」為不失其就下之性，未為不是。但上明言水流不盈，又以坎不盈，只既平糸之，還從不失其平之性為是。

子瞻曰〔註184〕：「凡物皆有常形，惟水不然，因物以為形，而已不與。世以有常形者為信，而以無常形者為不信，然而方者可斷以為員，曲者可矯以為直，常形之不可恃以為信也如此。今夫水無常形，而因物以為形者，可以前定也。惟無常形，是以遇物而無傷。惟莫之傷也，故行險而不失其信。由此觀之，天下之信未有若水者也。」又曰〔註185〕：「所遇有難易，而未嘗不果於行者，是水之心也。物之窒我者有已〔註186〕，而是心無已，則終必勝之。故水之至柔，而能勝物者，維不以力爭，而以心通也。不以力爭，故柔外；以心通，故剛中。尚，配也。方員曲直，隨其所遇，皆有以配之，故無所往而不有功也。」

丘〔註187〕行可曰〔註188〕：「坎為水，流水也。兌為澤，止水也。兌陰卦，陰靜故止。坎陽卦，陽動故流。惟流故不盈，惟不盈故可出險。若待盈而後流，則澤〔註189〕水也。」

「維心亨」，「維」字可玩，一則舉足動步無一順境，一則機械變詐無一可用，故曰「維心亨」。

凡人憂樂要推原到根本處，若徒謂處患難而不戚戚，此與木石何異？《傳》以「心亨」歸本「剛中」，見所謂「心亨」者，非徒矯情鎮物，乃是忠孝節義

坎，是重疊有險，險之重疊，乃成險之用也。二者人之行險，先須使習其事，乃可得通，故云『習』也。」

〔註182〕胡居仁《易像鈔》卷九《坎》：「習坎見其為原，泉為流水。水不流，喚做死水；鳥不飛，喚做死鳥；人不習，亦俱喚做死人。人自不省耳。」

〔註183〕見李鼎祚《周易集解》卷六《坎》。

〔註184〕見蘇軾《東坡易傳》卷三《坎》。

〔註185〕見蘇軾《東坡易傳》卷三《坎》。

〔註186〕「已」，《東坡易傳》作「盡」。

〔註187〕「丘」，四庫本作「邱」。

〔註188〕見胡廣《周易大全》卷十一《坎》。又見何楷《古周易訂詁》卷三《坎》、錢澄之《田間易學》卷三《坎》。其中，《古周易訂詁》不言係引用。

〔註189〕「澤」，《古周易訂詁》、《田間易學》均作哦「止」。

根於至性，所以不驚不怖，故曰「乃以剛中」。『心亨』由於『剛中』，『行有尚』由於『心亨』，『心亨』則能靜觀時變，而妙轉移之機，故『往有功』。『往』者，謂其本心亨而往也。」〔註190〕

卓去病曰〔註191〕：「儒者謂坎以出險為功，不知一求出，便有躲閃規卸之弊。聖人教人，只是信以行險，出不出且置勿論。」

人徒知貧賤患難之為險，不知富貴乃錦覆之阱，其險十倍。語云：「遊宴之中有陷穽焉，談笑之中有戈矛焉，堂奧之中有虎豹焉，鄉隣之中有戎寇焉。」〔註192〕人生末世，十步九太行，故曰「重險」。由是遇富貴則驕奢，遇患難則憤懣，皆所謂「盈」也。盈則不平，機械變詐相尋而起，此行險而失其信也。機深禍深，寧有出險之日？私記。

錢啟新曰〔註193〕：「坎，陷也。以陷象言，四柔陷二剛者也，二剛陷於四柔之中者也。以陷義言，四柔為陷者也，二剛能陷者也。四柔為陷，如層城重疊；二剛能陷，如摧鋒陷陳。欲不為陷，定須能陷。為陷，終身燕溺之小人；能陷，終身憂危之君子。」

「有功」以上說處險之道，「天險」以下說用險之妙。〔註194〕人情說到險，便頹然銷沮，聖人於是發明險之時用，以破人心之疑，以明大易之道〔註195〕。

嗟曰：「籬高一尺，法高一丈。」植遺腹、朝委裘而不亂者〔註196〕，以紀

〔註190〕張振淵《周易說統》卷四《坎》：「盧中菴曰：『『心亨』由於『剛中』，『往有尚』由於『心亨』。剛中則道心為主，天德常存，故利害變故不能搖，而心自亨也。人能心亨，則靜觀時變，而妙轉移之機，故坎窞可平，幽谷可出耳。『往有功』者，謂其本心亨而往也。』」
〔註191〕卓爾康《周易全書·坎》：「聖人教人，只是信以行險，何嘗欲其出險？九二未出中，言其爻尚在於中，故小有得，非未出險中之謂也。儒者託之，因謂坎以出險，為功，既在險中，何能求出？出不出且置勿論。一求出便有躲閃規卸之弊矣。」四庫全書存目叢書補編第90冊，第286～287頁。
〔註192〕見呂祖謙《左氏博議》卷五《桓公與文姜如齊》。
〔註193〕見胡居仁《易像鈔》卷九《坎》，非錢一本之說。
〔註194〕宋·郭雍《郭氏傳家易說》卷三《坎》：「《坎》之下卦言處險之道，上卦言用險之道。」
〔註195〕楊簡《楊氏易傳》卷十《坎》：「人情又懼以險為不善，聖人於是發明險之時用曰『大矣哉』，所以破人心之疑蔽，明大易之道也。」
〔註196〕漢·賈誼《新書》卷二《權重》：「地制一定，臥赤子天下之上而安，植遺腹，朝委裘，而天下不亂，社稷長安，宗廟久尊，傳之後世，不知其所窮。故當時大治，後世誦聖。」

綱法度為之維持也。故曰「王公設險以守其國」。聖賢處世，隨他患難，只是有孚，只是心亨，搖動他不得，濁亂他不得，卓然如萬仞之山，澄然如不測之淵，此所謂設險以守其身。私記。

章本清曰〔註197〕：「六十四卦獨《坎》卦指心象示人，可見心在身中，如一陽在二陰之中，所謂『道心惟微』也。《彖》曰『心亨』，《繫詞》曰『心病』，有孚則心亨，多憂則心病。善用險者，能保坎中之陽以自拔於眾，欲坑坎之上而不為所陷，斯得『天險不可升』之義矣。

北魏國史：高允與崔浩共事，浩被收時，允以經授太子景穆，景穆重之。帝召允，問國書是誰秉筆，允對臣與浩同作，而臣筆尤多。帝怒甚，景穆曰：「天威嚴重，故允迷亂失次。臣向私問之，皆云是浩作。」允曰：「臣罪應族滅，殿下以臣侍講日久，哀臣一命，實不問臣，臣實不敢荒亂。」帝曰：「對君以實，貞臣也。」遂得不死。而浩竟族滅。若允者，可謂「有孚，心亨」矣。

《象》曰：水洊至，習坎。君子以常德行，習教事。

火起而上曰作，水流而下曰至。〔註198〕司馬君實曰〔註199〕：「水之流也，習而不已，以成大川。人之學也，習而不止，以成大賢。」

歐陽永叔曰〔註200〕：「習高山者可以追猿猱，習深淵者能潛泳出沒。以為樂夫險可習，則天下之事無不可為也。是以聖人於此戒人習惡而不知〔註201〕，誘人習善而不倦。」

洊，《爾雅》云「再也」，劉氏云「仍也」。

初六：習坎，入於坎窞，凶。

《象》曰：「習坎」入坎，失道凶也。

卦名習坎，爻象以卦名冠其端，蓋初為卦之首領。六爻之義，俱於此見其端倪，定其張本。言處「習坎」者，皆當以道也。凡卦之初爻，大約例此。

〔註197〕見章潢《周易象義》卷二《坎》。
〔註198〕錢士升《周易揆》卷四《坎》：「火起而上曰作，水趨而下曰至。常德行，學不厭也。習教事，誨不倦也。」
〔註199〕見司馬光《易說》卷二《坎》。
〔註200〕見歐陽修《易童子問》卷一。
〔註201〕「知」，《易童子問》作「自知」。

當習坎之時，為習坎之人不能居易俟命，而自投陷阱，如入於坎窞者。然雖欲不凶，其可得乎？《象》曰「失道」，可見坎窞之入乃自入，非天運也。水失道則橫流，人失道則縱肆，所謂道不過有孚心亨而已。

錢啟新曰〔註202〕：「不捨晝夜，此水之性也。入於坎窞，是為死水。水死則臭腐，心死則禍至。」◎「窞，坎底穴也。習坎合上下之卦言，入坎指下卦之下言。」〔註203〕

何閩儒曰〔註204〕：「以三畫卦言，二、五陷於坎中者，初、三、四、上皆坎也。以六畫卦言，二、三、四、五皆陷於坎中者，惟初、上是坎耳。故獨兩爻稱凶。」

九二：坎有險，求小得。

《象》曰：「求小得」，未出中也。

坎已是險矣，又曰「有險」，坎是大概景象，「有險」是坎中隱禍，難以言盡者。此時欲大願奢，非求福，乃求禍也，但「求小得」而已。武侯云：「不求聞達於當時，苟全性命於亂世。」全得性命，則三分鼎足，指揮可得，不則載胥及溺而已。《象》曰「未出中」，非徒謂未出於險中。胸中經略，分毫未露。「未」之為言，蓋有所待也。私記。

姚安之曰〔註205〕：「『中』字非二、五不輕下，然亦有影詞者，如『在師中』『在中饋』之類是也。」

錢啟新曰〔註206〕：「陷不在大，失嘗在小，如之何弗求？」

潘去華曰〔註207〕：「《坎》諸爻大段都不得一吉字，蓋在坎中固是時勢所值，亦是事端所壞。古人只有作事謀始一法，以救其未然，又有明哲保身一法，以離其禍難。若身在坎中，即聖人亦難措手，只有『維心亨』一法，聊以義命自安，故雖如九二之剛中，僅僅『求小得』。」

〔註202〕不詳。

〔註203〕李贄《九正易因·坎》：「熊南沙曰：『窞，王肅云『坎底也』，在習坎之下。《說文》云：坎中更有坎也。習坎合內外之卦言，入坎指內卦之內言。』」

〔註204〕見何楷《古周易訂詁》卷三《坎》。

〔註205〕《四庫全書總目》卷二十四著錄《檀弓原》二卷，稱：「明姚應仁撰。應仁字安之，徽州人。」或即此人。

〔註206〕見胡居仁《易像鈔》卷九《坎》，非錢一本之說。

〔註207〕見潘士藻《讀易述》卷五《坎》。又見張振淵《周易說統》卷四《坎》，稱「質鄉曰」。

六三：來之坎坎，險，讀。且枕。句。入於坎窞，勿用。

《象》曰：「來之坎坎」，終無功也。

六三才柔位剛，力不足而志有餘，在上下卦之際，往來經營，以求出險，可謂不遑寧居矣。〔註208〕而戒之以「勿用」，諭之以「無功」者，一則時事多艱，一則才力有限，欲其安靜以待也。「坎坎」，勞貌，《詩》「坎坎伐檀」是也。《象》曰「終無功」，言雖勞其心力，終無出險之期〔註209〕，所以淡其功名之心也。「《乾》之三爻處二乾之間，故曰『乾乾』；《坎》之三爻處二坎之間，故曰『坎坎』。」〔註210〕

〔註208〕潘士藻《讀易述》卷五《坎》：「趙汝楳曰：『六三才柔位剛，在上下卦之際。』或來或往，以求出險，可謂不遑寧居矣。奈身居兩坎之間，徒費心力，無所用之，故曰『終無功』也，皆不中失道所致也。」按：趙汝楳《周易輯聞》卷三《坎》：「六三才柔而位剛，在上下卦之際，知求出乎險，然欲之上卦則前為坎，欲來下卦則身在坎，所謂進退維谷者也。坎險如是，姑謀即所安，又復入於坎窞。進退與居，皆有不可，將何所可用邪？」

〔註209〕項安世《周易玩辭》卷六《來之坎坎》：「『之』者，往也。『坎坎』者，勞貌也。《詩》之『坎坎伐檀』是也。先儒以其有兩『坎』字，便稱來往皆險，非也。此止言上下往來之勞，下文始言險之多爾。欲進而上則險而不可升，欲居其位則枕而不能安，欲退而下則又入於坎中之窞，才不剛，位不正，時不利，皆無所施，此所以戒之以『勿用』也。《象》曰『終無功』者，言雖勞其心力，多方圖之，終無出險之效也。味『終』字可見坎坎之為勞矣。」潘士藻《讀易述》卷五《坎》：「六三爻，項氏曰：『坎卦尚往，利剛而不利柔。剛能往，柔不能往也。獨六四一爻，進而承剛，得免於咎。初六、上六皆以失道致凶。六三亦陰柔之人，止言『勿用』，止言『無功』，而不言失道凶者：初六入險最深，上六處險之極，皆無出險之道，坐受其凶者也。六三志剛而不安於位，『來之坎坎』甚矣，其有志於出險也。惜其天質陰柔，不足以往，故戒之以『勿用』，諭之以『無功』，示之與往有功者異爾。若論其志，正坎道之所尚也。其何失之有？『來之坎坎』，先儒以其有『兩』坎字，便稱來往皆險，非也。『之』者，往也。『坎坎』者，勞貌也，詩人『坎坎伐檀』是也。此止言上下往來之勞，下文始言險之多爾。欲進而上則險而不可升，欲居其位則枕而不得安，欲進而下則又入於坎中之陷，才不剛，位不正，時不利，皆無所施，此所以戒之以『勿用』也。《象》曰『終無功』，言雖勞其心力，多方圖之，終無出險之效也。味『終』字可見坎坎之為勞矣。』」

〔註210〕趙汝楳《周易輯聞》卷一上《乾》：「九三重剛，故曰『乾乾』。他卦重舉卦名，如《謙》初六居下卦之下，故曰『謙謙』；《坎》六三居重坎之間，故曰『坎坎』；《蹇》六二陰居陰，故曰『蹇蹇』；《夬》九三重剛，故曰『夬夬』。」胡炳文《周易本義通釋》卷一《乾》：「《乾》九三在兩乾之間，故曰『乾乾』；《坎》六三在兩坎之間，故曰『坎坎』。」張獻翼《讀易紀聞》卷二《坎》：「《乾》之三處二乾之間，故曰『乾乾』；《坎》之三處二坎之間，故曰『坎坎』。」

「險」字當讀，是慨歎之詞，亦提醒之語。「且枕」者，勸其且從容休息，靜觀時變也。蓋天未厭亂，聖人亦無如之何，但有善藏其用而已。「入於坎窞」，即初之入於坎窞也。初以機心不盡，自鑿陷阱，三豈可復傚之乎？千萬勿用可也。《象》曰「有孚，心亨」，初、三之「坎窞」，上六之「徽纆」、「叢棘」，止因不能「有孚，心亨」，挺而走險，身世俱沒，豈不痛哉？私記。◎鄭康成云〔註211〕：「木在首曰枕。」

六四：樽酒。句。簋貳。句。用缶。句。納約自牖，終无咎。「缶」，俗作「缻」，非。

《象》曰：「樽酒，簋貳」，剛柔際也。

《坎》卦六爻無一「吉」字，惟四、五僅僅「无咎」。五已出險，斡旋之功全在六四。四離下坎而入上坎，是波濤洶湧之餘，亦風恬浪靜之際，此時一動意氣，一涉矯飾，便開釁隙。六四柔正，開誠布公，與物無，競曰「樽簋」，何其恬適；曰「用缶」，何其樸素；曰「自牖」，何其委曲。如此涉險，非徒无咎，抑且終无咎。若是者何也？險難之時，四與五一剛一柔，同舟共濟，恨相見之晚，尚用儀文塗飾，減其至味哉？私記。

凡純卦，六爻不相應，惟以比而交際為義。四離下體，進附於五，正二坎通流之處。〔註212〕四至柔，五至剛，故曰「剛柔際」。子瞻曰〔註213〕：「同利者不交而歡，同患者不約而信。四非五無與為主，五非四無與為蔽。餽之以薄禮，行之以簡陋，而終不相咎者，四與五之際也。」

「缶，土器。《史記》：『相如請秦王擊缶。』《風俗通》云：『缶者，瓦器，所以節歌。』」〔註214〕上言「樽簋」，此言「用缶」，用之以歌也。貳，副也。《周禮》：「大祭三貳。」《韻書》：「言語要結曰約。」一曰約者，淡薄之謂，

〔註211〕見陸德明《經典釋文》卷二《易》。

〔註212〕馮椅《厚齋易學》卷十七《易輯傳第十三·坎》：「李子思曰：『八純卦，六爻俱無相應，唯以近比而相交際為義。夫居坎險之時，以漸出而陞於上者為貴。六四離下體而進傅五，有欲出險之意，真情相向，期於濟難。蓋當艱險之時，不待侈為繁文縟禮，而後可以導其誠意也。』」

〔註213〕見蘇軾《東坡易傳》卷三《坎》。

〔註214〕焦竑《易筌》卷二《坎》：「缶，古之土音，《史記》『相如請秦王擊缶』是也。《淮南子》：『君子有酒，小人鼓缶』，是亦一證。不可以李斯之言，直以為秦聲也。又《風俗通》云：『缶者，瓦器，所以節歌。』」「《風俗通》云：『缶者，瓦器，所以節歌』」，又見何楷《古周易訂詁》卷三《坎》。

即指樽簋瓦缶等事。牖，穿壁以木為交窗，所以通明。古者一室一戶一牖。
〔註215〕

　　楊敬仲曰〔註216〕：「酒養陽，食養陰，故樽酒陽奇，簋貳陰耦。」

　　九五：坎不盈，祇既平，无咎。祇，從氏音支。鄭氏作「坻」，水中小渚也。
　　《象》曰：「坎不盈」，中未大也。

　　習坎至五，是水勢盈滿之時，亦是將退之際，故以「不盈」、「既平」取
象。五剛中正，「平」者，中正之謂也。水以中正為平〔註217〕，盈則不平。
平者，德之至。不平者，盈之至也。曰「中未大」，正見其異於好大喜功之
流。「不盈」、「未大」是處險之妙用。二、五剛中，乃《彖》之「有孚，心
亨」者。二有險而五既平，上下之時勢異也。〔註218〕「心莫險於盈，德莫
妙於平。」〔註219〕「不盈其善，故能受善，而天下平。不盈其福，故能受
福，而天下平。何咎之有？」〔註220〕錢啟新曰〔註221〕：「虞庭所謂中，不
過不盈，既平而已。《象》曰『未大』，亦大不得。」萬以忠曰〔註222〕：「平
字深味之，令人當下恬然，有天地萬物各止其所氣象。」朱康流曰〔註223〕：
「方處險而不憤懣，將出險而不驕矜，只覺世界廓然，超於險阻之外。」

〔註215〕錢一本《像象管見》卷二下《坎》：「貳如副貳之貳。缶，瓦器。牖音酉，穿
　　　　壁以木為交窗。古者一室一戶一牖，牖開明處。」何楷《古周易訂詁》卷三
　　　　《坎》：「二，副也，謂樽酒而副以簋也。……牖，穿壁以木為交窗。古者一
　　　　室一戶一牖，牖開明處。」
〔註216〕見楊簡《楊氏易傳》卷十《坎》。
〔註217〕張振淵《周易說統》卷四《坎》：「楊止菴曰：『先儒曰：天下之平，莫平於
　　　　水。平即五剛中正之象也。水以中正為平，平則不陷於險矣。』」
〔註218〕馮椅《厚齋易學》卷十七《易輯傳第十三·坎》：「二有險五則既平矣。」熊
　　　　過《周易象旨決錄》卷二《坎》：「二、五俱險陷之主，二有險而五不盈，上
　　　　下之勢異也。」熊過之說，潘士藻《讀易述》卷五《坎》援引。
〔註219〕錢士升《周易揆》卷四《坎》：「朱子云：『坎水只是平不解，滿盈是滿出來。』
　　　　祇，適也，猶言適足也。水逆行無歸，泛濫滔天，及其順下，由地中行，則
　　　　安流如掌矣。故心莫險於盈，德莫妙於平。」
〔註220〕見沈一貫《易學》卷四《坎》。
〔註221〕胡居仁《易像鈔》卷九《坎》：「虞廷所謂道心，所謂中，不過不盈祇平而已。
　　　　象曰中未大，亦殊是大不得。」非錢一本之說。
〔註222〕見胡居仁《易像鈔》卷九《坎》。
〔註223〕見朱朝瑛《讀易略記·坎》。（《四庫全書存目叢書》經部第 24 冊，第 773
　　　　頁）

水滿則流，坎以五為主；火發自下，離以二為主。祇，適也，但也。《詩》曰〔註224〕：「亦祇以異。」揚子曰〔註225〕：「茲，苦也。祇，其所以為樂也。」

上六：係用徽纆，寘於叢棘，三歲不得，凶。

《象》曰：上六失道，凶三歲也。

上處險之上，出乎險矣。乃以柔暗居之，不困於水，而困於陸，自起斜纆，自生荊棘，迷而不醒，終身戚戚，安有見天日之期乎？故曰「三歲不得」。「樽酒簋貳」，何其從容。「徽纆」、「叢棘」，何其拘迫。一到底「无咎」，一「三歲不得」，皆此心亨不亨為之也。聖人言人不言天，故初、上皆曰「失道」〔註226〕。

凡人經一番患難，一番動忍，身心性命之間，必有所得，所以聖人教人，就在險上做工夫，謂之「習坎」。二在險中，尚「求小得」。上居險極，受盡困苦，歷三歲之久，將出險矣。天性陰柔，於聖賢之道一無所得，天災人禍從此沓至矣，凶。爻言凶在三歲之後，失道故凶。《象》言凶在三歲之內，失道即是凶。得與失相反，得則不失，失則不得。得失之間，吉凶所繫。爻、《象》兩提「凶」字，大是警策。若據舊說，則「徽纆」、「叢棘」已是凶矣，何必更言凶乎？私記。

三股曰徽，二股曰纆，皆索名。上爻變為巽，巽為繩，故象徽纆。坎於木為堅多心，故象叢棘。論者傅會《周禮》，以叢棘為寘於九棘。夫叢棘非九棘也。「三歲不得」，「得」字終無著落。

洪覺山曰〔註227〕：「六畫相值，無所應援，故其吉凶惟以才德為本，以能漸出為尚，以陰陽相比為義。」**丘**〔註228〕**行可曰**〔註229〕：「坎以一陽而陷於二陰，上下皆坎，則二、五皆陷。然坎之性下，下坎最險，上坎為安，又五得位而二不得位，故五之『祇既平』異乎二之『求小得』也。四陰爻惟初、上在二、五兩陽之外，為最凶。若中二陰，三則失位乘陽而無功，四則得位承陽而无咎。」

〔註224〕見《詩經‧小雅‧我行其野》。

〔註225〕見揚雄《法言‧學行卷第一》。

〔註226〕張振淵《周易說統》卷四《坎》：「張雨若曰：『此與初皆責其『失道』，聖人言人不言天也。』」

〔註227〕見張振淵《周易說統》卷四《坎》。

〔註228〕「丘」，四庫本作「邱」。

〔註229〕見胡廣《周易大全》卷十一《坎》、潘士藻《讀易述》卷五《坎》、張振淵《周易說統》卷四《坎》。

離 ☲ 離下離上

離：利貞，亨。畜牝牛，吉。《說文》：「離，黃倉庚。從隹離聲。」倉庚一名黃離，飛必雌雄相依，亦附離之義。

《彖》曰：離，麗也。日月麗乎天，百穀草木麗乎土。重明以麗乎正，乃化成天下。柔麗乎中正，故「亨」，是以「畜牝牛，吉」也。古本「離麗也」之下即接「柔麗乎中正」三句，後接「日月麗乎天」數句。

離者，明也。聖人不言明而言麗，言用明之道也。五行中，麗於物而光彩發見者，惟火。人心屬火，其明亦猶火也。麗於色則為視，麗於聲則為聽。所麗者正，則明亦正。所麗者不正，則明亦不正矣。心之光明閃爍，飄忽無所依附，東馳西突，如燎原之火，不可撲滅。強為撲滅，轉添躁妄。「突如其來」而「焚」、「死」、「棄」，是其驗也。此當以柔道御之，優游調攝惺惺之體，只在道理盤旋，自然狐來狐見，漢來漢見，此用明之至德要道。「重明以麗乎正」者，此也。「柔麗乎中正」者，此也。私記。

百穀草木之麗土易見，日月之麗天難知。百穀草木一刻不麗，土則槁。日月之麗天，亦可想見。《中庸》曰「日月星辰繫焉」，「繫」乃「麗」字注腳。

重明可以治天下，不可以化成天下。必麗乎正，然後道化可得而成就。蓋道化易於行，難於成也。「以」字、「乃」字俱有力。「柔麗乎中正」，分言之，六五麗乎中，六二麗乎中正；總言之，柔麗乎中正也。惟其中正，所以利貞而後亨；惟柔以中正後亨，所以當「畜牝牛」，養其柔順之德而後吉也。「故」字是「以」字相承說來，最有味。

鄭申甫曰〔註230〕：「今訓離，專以麗言者，以《彖傳》為據。不知日月以麗天而成象，百穀草木以麗土而成形，重明以麗正而成化，重在所麗，不重在麗也。麗者何也？教人以用明之道也。因物而照謂之正，無所麗而為明者謂之穿鑿、謂之逆億。」柔而麗乎中正，不過用其明也。逆億矯訐，非柔也。智者過之，非中正也。惟柔故能麗乎中正，柔善附也。離之所以為明者，中柔也。不觀之火乎？火之明也，因物以為用，麗盡而熄，不求明於物之外，順其自然，畢照而我無為，此「畜牝牛」之道也。牛，順物。牝牛，順而又順者。用明而曰「畜牝牛」者，貴順而不鑿也。「畜」者，豫養之意，養其順德而明自生者，自然之明也。

〔註230〕見張振淵《周易說統》卷四《離》。

郝仲輿曰〔註231〕：「薪燃而後火見，形生而後神發。夫人是非、好丑、疾痛、屙癢無不了然，所謂明也。然用於正則愛親敬長、好善惡惡，用於不正則邪思、妄想、機智、利巧諸惡並作，故明以麗正為主〔註232〕。」

又曰〔註233〕：「火息於空，光麗於薪，神潛於寂，知寓於物。離薪為火者，妖火也，不可以焚。離物為明者，邪慧也，不可以知。故曰致知在格物。」

胡仲虎曰〔註234〕：「坎之明在內，以剛健而行之於外。離之明在外，當柔順以養之於中。坎水潤下，愈下則陷，故以行為尚。離火炎上，愈上則焚，故以畜為吉。」

齊節初曰〔註235〕：「人之生也，得水為精，得火為神。其合也，氣聚而形成於有；其分也，氣散而神泯於無。蓋精所以為形，而神麗於形者也。」

《左氏》曰〔註236〕：「水性弱，人狎而玩。火性烈，人望而畏。」聖人卻言《坎》之「亨亨」在剛中，《離》之「亨亨」在柔中，蓋水以必行為剛，火以麗物為柔。人能知水中之剛、火中之柔，易道思過半矣。私記。

《象》曰：明兩作，離。大人以繼明照於四方。

「明兩作」即「日新又新」之謂。六十四卦獨此稱大人，不必指後王君公，蓋孔、孟之人，即照萬古可也。〔註237〕私記。

〔註231〕見郝敬《周易正解》卷九《離》。

〔註232〕「主」，《周易正解》作「本」。

〔註233〕見郝敬《周易正解》卷九《離》。

〔註234〕見胡炳文《周易本義通釋》卷一《離》。

〔註235〕齊夢龍，字覺翁，號節初。饒州德興人。與兄興龍先後登宋寶祐景定年第。《經義考》卷三十五著錄其《周易附說卦變圖》。

此引文見何楷《古周易訂詁》卷三，稱「齊覺翁云」；姜寶《周易傳義補疑》卷四《離》，稱「齊氏覺翁曰」。又見董真卿《周易會通》卷六《離》，稱「齊氏曰龜山楊氏曰」；蔡清《易經蒙引》卷五上《離》、胡廣《周易大全》卷十一《離》、王漸逵《讀易記》卷上《離》，稱「齊氏曰龜山楊氏云」；張振淵《周易說統》卷四《離》，稱「齊節初曰龜山云」。據此，則此係楊時之說。另外，又見葉良佩《周易義叢》卷六《離》，引文末注「蔡淵」。蔡淵著《周易經傳訓解》四卷，無此語。

〔註236〕見《左傳·昭公二十年》。

〔註237〕張振淵《周易說統》卷四《離》：「陵庸成曰：『不曰兩明，而曰明兩，作見非有二明，乃相繼之謂也。明德繼續而不已，則光明自照於四方。六十四卦獨此稱大人，蓋古人之明明德於天下者歟？』」

初九：履錯然，敬之，无咎。

《象》曰：「履錯」之敬，以辟咎也。

離德為明，於象為火。初居離體，乃精明聰察之人，而以剛在下，則又銳意直前，猶云火性也。施為繁劇，動履紛紜，故聖人狀之曰「錯然」，非差錯之謂。敬是用明之把柄，故於初言之。

錢塞庵曰〔註238〕：「錯義有三：有文義，有麗義，有差義。離體文明，光輝錯落。《詩》云『錯衡』、古幣錯刀，文義也。初剛二柔，承比得位，相麗錯行，禮與長者，行不錯則隨，麗義也。初日昧爽，才剛妄動，差義也。初備斯義，故不徒曰錯而曰『錯然』，履在下之象。」

郝仲輿曰〔註239〕：「至微而著者莫如火，方其始然，一指能息之。及其燎原，江河之水不能救。故處離之時，敬宜在初。敬之於初，則無驟盛驟衰之咎。」

六二：黃離，元吉。

《象》曰：「黃離，元吉」，得中道也。

《離》之六二即《坤》之六五也。二之「黃」即《坤》之「黃」，二之「元吉」即《坤》之「元吉」，蓋得坤道之純者也。卓去病曰〔註240〕：「爻止表一『黃』字，而中正之位、純和之德、忠順之心、沖美之度無不管，是上下潛顯，皆可通焉。語意渾融，包涵元氣，聖人之文也。」

「黃中色，非火色也。火黃則色與土同，而性為之柔。」〔註241〕凡天地人物有黃光者，皆吉祥之氣。『元吉』者渾然，坤元無節義事功之可見也。

〔註238〕見錢士升《周易揆》卷四《離》，云：「初在下，履象。錯義有三：有差義，有文義，有麗義。初日昧爽，才剛妄動，差義也。離體文明，光輝錯落，詩云『錯衡』，古幣錯刀，文義也。初剛二柔，承當得位，相麗錯行，如禮與長者，行不錯則隨，麗義也。」
此說早見於郝敬《周易正解》卷九《離》，云：「初在下，有履象。離本乾體，中互兌澤，卦似履履者，禮也。南離亨嘉，萬物相見，有禮文之象。錯有三義：有差義，有文義，有麗義。初日昧爽，其明未徧，重剛躁動，是差義也。離體文明，光輝錯落，如詩云錯衡，古幣錯刀之類，是文義也。初剛二柔，承乘當位，相麗錯行，如禮與長者，行不錯則隨，是麗義也。凡象不主一義。」

〔註239〕見郝敬《周易正解》卷九《離》。

〔註240〕見卓爾康《周易全書·離》。（四庫全書存目叢書補編第90冊，第298頁）

〔註241〕分見沈一貫《易學》卷四《離》、何楷《古周易訂詁》卷三《離》。

蔡伯靜曰〔註242〕：「《坎》之時用在中。二、五皆卦之中也，五當位而二不當位，故五為勝。《離》之時用在中，二、五皆卦之中也，二當位而五不當位，故二為勝。」

九三：日昃之離，不鼓缶而歌，則大耋之嗟，凶。「昃」，《字書》從日，從仄聲。俗作「昃」，非。《石經》作「昃」。「耋」，《六書正譌》從老省至聲。俗作「耊」，非。古文及鄭本無「凶」字。

《象》曰：「日昃之離」，何可久也。

「初為日出，二為日中，三為日昃。」〔註243〕「日之必昃，此乃天道。日何病於昃？日昃之離，只以不麗中正為象耳。」〔註244〕心德一偏，七情皆蕩。「鼓缶而歌」，「大耋之嗟」，不當哀而哀，不當樂而樂，皆不中不正之象。

年老悲歌，人之常事，周公直系之以「凶」者，何也？一息尚存，不容少懈。伏波據鞍顧盼，武侯鞠躬盡瘁，何曾有遲暮之感？三之無故悲歌，止為日昃不可久耳。夫子謂日昃自然不久，人自有愈久而愈不朽者，不在光陰遲速間也。人莫大於心死，而形死次之〔註245〕，老大悲傷，純是死氣，故「凶」。私記。○〔註246〕禮：八十曰耋。

張氏曰〔註247〕：「聖人言人不言天，曰『何可久』，正是援天以曉人，當在未昃以前斡旋耳。到了已昃地位，止有修身以俟一法。」曰「何可久」，庶乎愚者懼而思道矣。

劉元城歲晚閒居，或問先生何以遣日，元城正色曰：「君子進德修業，惟日不足，何云遣日？」〔註248〕

〔註242〕 見董真卿《周易會通》卷六《離》、胡一桂《易本義附錄纂疏·離》、熊良輔《周易本義集成》卷一《離》、何楷《古周易訂詁》卷三《離》、胡廣《周易大全》卷十一《離》、葉良佩《周易義叢》卷六《離》。蔡淵《易象意言》、《周易經傳訓解》未見此語。

〔註243〕 李鼎祚《周易集解》卷六《離》：「荀爽曰：『初為日出，二為日中，三為日昃，以喻君道衰也。』」

〔註244〕 見胡居仁《易像鈔》卷九。

〔註245〕《莊子·田子方》：「夫哀莫大於心死，而人死亦次之。」

〔註246〕 此處原為空格，今以「○」區分。

〔註247〕 見張振淵《周易說統》卷四《離》，稱「張子曰」。

〔註248〕 此一節見胡居仁《易像鈔》卷五。按：原見袁燮《絜齋集》卷九《元城橫浦劉張二先生祠堂記》。又見王應麟《困學紀聞》卷二十《雜識》。

九四：突如其來如，焚如，死如，棄如。棄，《石經》作棄。棄，古「棄」字。

《象》曰：「突如其來如」，無所容也。

九四薪盡火傳之際，當溫養蘊崇，以俟氣候之至。乃恃其剛勇，強作勢焰，自取滅亡，所謂「膏以明自煎，薰以香自焚」也。若云「兩離相繼，勢焰如焚」〔註249〕，與日昃之義不合。

「以離火言，焚則死，死則棄矣。焚而死，猶有公論惜之，而不棄者必焚而死，死而棄，然後足以盡禍患之極。」〔註250〕蓋剛躁之極，已不能容人，人亦不能容之也。

九三正而不中，九四不中不正，與「柔麗乎中正」相反。一則精爽已竭，頹然消沮；一則氣焰驟張，飄忽震盪。過與不及，皆不中不正之弊也。故周公以此兩爻發明《彖》義。私記。

胡仲虎曰〔註251〕：「坎性下，三在下卦之上，故曰『來』，來而下也。離性上，四在上卦之下，故亦曰『來』，來而上也。水本下，又來而之下，『入於坎窞』而後已。火本上，又來而之上，『焚如，死如，棄如』而後已。」

六五：出涕沱若，戚嗟若，吉。「戚」，子夏作「慽」。

《象》曰：六五之吉，離王公也。「離」，鄭作「麗」。

六五以柔居中，擅化成之權，不用聰明，不逞威焰，如傷泣罪，形於涕淚，此國家休徵，善事小民，樂利之源，故「吉」。聖賢心腸，非婦人女子涕淚，故曰「王公」。

〔註249〕焦竑《易筌》卷二《離》：「均為離之初，初以敬慎免咎，四以剛燥取棄，何也？初乃火之始，其勢未盛，能以其明而避咎；四則兩離相繼，勢焰如焚，不可向邇，故有突如焚如之象，至取死取棄而不能自己，此不得火之明而得火之烈者也，亦異於牝牛之吉矣。」焦氏之說，何楷《古周易訂詁》卷三《離》援引。

曹學佺《周易可說》卷二《離》：「均為離之初，初以敬慎免咎，四以剛躁取敗，何也？初乃火之始，其勢未甚，能以其明而辟咎；四則兩離相繼，勢焰如焚，而莫可向邇，故有突如焚如之象，至取死取棄而不能自己，此不得大之明而得火之烈者也，亦異於牝牛之吉矣。」

〔註250〕張振淵《周易說統》卷四《離》：「洪覺山曰：『以離火而言，焚則死，死則棄矣。焚而死，猶有公論惜之，而不棄者必焚而死，死而棄，然後足以盡禍惡之極，而見其無所容。』另外，蔡清《易經蒙引》卷四下《離》：「因突故焚，焚則死，死則棄矣。」

〔註251〕見胡炳文《周易本義通釋》卷一《離》。

予舊以六五之涕淚為感傷，九四之焚棄如漢高為項羽流涕之意。蓋九四一世英雄，六五愷悌君子，固宜有此。此於爻義有蛛絲馬蹟之意，但近於穿鑿傅會，故不敢以為定論。私記。

胡仲虎曰〔註252〕：「九三『大耋之嗟』，以生死為憂者也，不當憂而憂，故『凶』。九五『戚嗟若』，以治亂為憂者也，憂所當憂，故『吉』。」

上九：王用出征，有嘉。折首，獲匪其醜，无咎。

《象》曰：「王用出征」，以正邦也。王肅本此下更有「獲匪其醜，大有功也」二句。

上九陽剛居離上，威之極、明之至也，將何用哉？惟王者用之以出征，則折首獲醜而无咎。若別有所用，則有咎矣。明其可輕用哉！《象》曰「以正邦」，見非好大喜功，正與「　」重明，麗正，化成天下」相合。私記。

「折首」猶崩角也。「嘉」者，嘉與維新也。〔註253〕威明所至，無不附麗，非吾族類，亦來享來王，故曰「獲匪其醜」。

卓去病曰〔註254〕：「坎愈下則愈險，離愈上則愈烈。然則坎上愈當出險，宜乎所處更平；離上愈當上焚，宜乎所處更烈。然坎上陰柔，離上陽剛，聖人又不取卦義，而各以爻義言之，另作一意，以見變化之妙。」

錢塞庵曰〔註255〕：「坎水下陷，故下卦多凶；離火上炎，故上卦多凶。《坎》之剛中，二不如五；《離》之柔中，五不及二。習坎在二水合流之衝，故六三最險；繼照在二火相傳之際，故九四最凶。坎為法律，故上六有『徽纆』之繫；離為戈兵，故上九有『折首』之征。」

〔註252〕見胡炳文《周易本義通釋》卷一《離》。
〔註253〕明·倪元璐《兒易內儀以》卷三《離》：「『有嘉折首』者，猶曰嘉與維新也。『折首』猶言崩角，亦猶言革面。」
〔註254〕見卓爾康《周易全書·離》。四庫全書存目叢書補編第90冊，第300頁。
〔註255〕見錢士升《周易揆》卷五《離》。按：此說早見於郝敬《周易正解》卷九《離》，云：
坎水下陷，故下卦多凶；離火上炎，故上卦多凶。是以《坎》之剛中，二不如五；《離》之柔中，五不及二。水本柔，故習坎利用剛；火本剛，故繼照利用柔。習坎在二水合流之衝，故《坎》六三最險，水下流也；繼照在二火相傳之際，故《離》九四最凶，火上炎也。小人陰險，故《坎》之上六用獄；亂賊剛暴，故《離》之上九用征。《坎》六四之禮樂，剛而能柔也；《離》上九之征伐，柔而能剛也。治亂之署，文武之道，生死之故，二卦備矣。

李子思曰〔註256〕：「文王序卦，以《乾》、《坤》、《坎》、《離》居上經。乾、坤者，陰陽之純，而坎、離者，陰陽之中，不若震、巽、艮、兌為陰陽之偏也。以六十四卦之序觀之，《乾》、《坤》居六十四卦之首，《坎》、《離》居六十四卦之中，尤有深意。蓋《坎》、《離》二卦為造化之本。坎，藏天之陽，中受明為月；離，麗地之陰，中含明為日。坎為水而司寒，離為火而司暑。坎為月而司夜，離為日而司晝。水火日月之用，寒暑晝夜之運，天地造化之妙，孰有出於此哉？」又曰〔註257〕：「乾、坤三畫以初相易而成震、巽，以中相易而成坎、離，以三相易而成艮、兌，故乾坤者，陰陽之祖，而坎離則天地之中也。坎居正北，於時為子，為夜之中；離居正南，於時為午，為日之中。夜之中而一陽生焉，故坎之三畫，一陽居中；日之中而一陰生焉，故離之三畫，一陰居中。陰陽之中，造化張本之地，故易上經始《乾》、《坤》而終《坎》、《離》，貴其得天地陰陽之中而為易之用也。且天一下降坎中，在物為水，而在人為精。以畫觀之，坎之一陽居中而中實，即精藏於中而水積於淵之象也。地二上兆離中，在物為火，而在人為神。以畫觀之，離之一陰在中而中虛，即神寓於心而火明於空之象也。坎之中實是為誠，離之中虛是為明。中實者，坎之用；中虛者，離之用也。作《易》者因坎、離之中而寓誠明之用。誠明起於中者，《易》之妙用，而古聖人之心學也。」

〔註256〕見馮椅《厚齋易學》卷十七《離》。
〔註257〕見董真卿《周易會通》卷六《離》、何楷《古周易訂詁》卷三《離》、胡廣《周易大全》卷十一《離》。又見馮椅《厚齋易學》卷十七《離》、潘士藻《讀易述》卷五《離》、張振淵《周易說統》卷四《離》，但所錄不全。

《周易玩辭困學記》卷七

《周易》下篇

咸 ䷟ 艮下兌上

咸：亨，利貞。取女吉。《說文》：「咸，皆也。從戌。戌，悉也。」徐鍇曰：「從口，其口同也。」何閩儒曰〔註1〕：「同即皆義，而《傳》以感解咸者，非感則獨，何以為咸？」

《彖》曰：咸，感也。柔上而剛下，二氣感應以相與，止而說，男下女，是以「亨，利貞，取女吉」也。天地感而萬物化生，聖人感人心而天下和平。觀其所感，而天地萬物之情可見矣。

咸者，感也。所以感者，心也。無心者不能感，故咸加心而為感。有心於感者亦不能咸，故感去心而為咸。「聖人以咸名卦，而《彖》以感釋之，所以互明其旨也。」〔註2〕「剛柔以質言，感應以氣言。『柔上』，上六也。六本居三，上而為兌，是乾感於坤而坤應之，坤與乾也。『剛下』，九三也。九本居上，下而為艮，是坤感於乾而乾應之，乾與坤也。」〔註3〕以德言，艮止則感

〔註1〕見何楷《古周易訂詁》卷四《咸》。

〔註2〕見胡廣《周易大全》卷十二《咸》，稱「建安丘氏曰」。另外，解蒙《易精蘊大義》卷五《咸》：「聖人以咸名卦，而《彖》以感釋之，互明其旨也。」

〔註3〕馮椅《厚齋易學》卷三十五《咸》：「剛柔以質言，感應以氣言。乾之氣感乎坤，坤應之而成兌，是坤與乾也。坤之氣感乎乾，乾應之而成艮，是乾與坤也。」胡廣《周易大全》卷十二《咸》：「建安丘氏曰：『『柔上』，上也，六本居三，上與乾交而為兌也。『剛下』，三也，九本居上，下與坤交而為艮也。』」丘氏之說又見姜寶《周易傳義補疑》卷五《咸》。

之專，兌說則應之順〔註4〕，所謂「亨」，所謂「貞」也。以象言，艮下兌上，男下於女，女應於男，得男女之正，所謂「取女吉」也。風雨露雷，天地之感萬物也，而萬物化生，以實理流行也。禮樂刑罰，聖人之感人心也，而天下和平，以至誠發見也。皆所謂「貞」也。觀天地感物，聖人感人，不過一貞，則天地萬物之情可見矣。「情者，其誠然也。」〔註5〕嶠崩涇竭，麟鬥日薄，九鍾將鳴，凌霜乃落，豈容有偽哉？

賤臣叩心，六月飛霜；荊卿入秦，白虹貫日。豪傑之感，令人喜，令人怒，令人悲。聖人感人，如清風徐來，水波不興，熙熙皞皞，既和且平而已。私記。

《昏義》〔註6〕：父親醮子而命之迎，主人拜迎於門外，壻執鴈入，升堂奠鴈。降出，御婦車，而壻授綏，御輪三周，先俟於門外，婦至，壻揖婦以入。

《象》曰：山上有澤，咸。君子以虛受人。

咸者，感也，受者應也。《彖》、爻言感，《大象》言應。

初六：咸其拇。「拇」，子夏作「跩」，足大指也。
《象》曰：「咸其拇」，志在外也。

咸以人身取象。初最下，故象拇。〔註7〕拇無與於五官，而五官不得則不全。其為疾痛痾癢一也。然而體有貴賤，有小大，以參贊位育之身而沾沾於足指之間，蓋其人挾一才一技以遊於世，而不知有心性之學者也，故曰「志在外」。私記。

蘇君禹曰〔註8〕：「吾人起初學問，最要根腳立得定。初六在感之初，是一念初起，而即逐乎外；一事初感，而即役於中。跟腳不定，如拇之欲動然。」
季彭山曰〔註9〕：「指雖小動，未移其足，以喻人心初感，止有其志。」「不言

〔註4〕朱熹《周易本義》卷二《咸》：「又艮止則感之專，兌說則應之至。」
〔註5〕蘇軾《東坡易傳》卷四《咸》：「情者，其誠然也。雲從龍，風從虎，無故而相從者，豈容有偽哉？」
〔註6〕見《禮記·昏義》。
〔註7〕朱熹《周易本義》卷二《咸》：「拇，足大指也。咸以人身取象，感於最下，咸拇之象也。」
〔註8〕見蘇濬《生生篇·咸》。
〔註9〕見潘士藻《讀易述》卷六《咸》。按：此語早見孔《疏》（《周易正義》卷六《咸》）。

『凶咎』者，聖人不欲以一念之始而概其平生也。」〔註10〕

　　胡庭芳曰〔註11〕：「文王兩體重在三、上兩爻，以男女之正，取婚姻之象。周公於六爻又自以人身取象，以四當心位，為感之主，絕無卦辭之意。卦、爻不同如此。」

　　諸爻詞「咸」字宜讀。所謂咸者，特其拇其腓等耳，非能超然於形體之外也。

　　六二：咸其腓，凶，居吉。

　　《象》曰：雖「凶，居吉」，順不害也。

　　《說文》：「腓，脛腨」，即足肚也。四體中之最無骨者，在踝上膝下，上則隨股，下則隨足。二以柔居柔，在下體之中，故以此取象。

　　無心為咸，二與三皆誤認無心之學而失之者也。聖人無意、必、固、我，然操縱在手，初非若水上葫蘆，漫無欜柄。六二以柔居柔，原無骨氣之人，謬附中庸之學，其究必至依阿洳涩，無以自立，故「凶」。幸其中正，根器猶在，但能安靜便可得吉。君子趨吉避凶，豈有巧術以彌縫之哉？不過動靜之間而已。或曰：此墨子、宋鈃、尹文之學，泛愛兼利，雖天下不欲而強聒不捨者也。鼓不扣而鳴則妖，石非言之物，而言則怪。私記。

　　凶與害相尋，居與順相因。二之所以咸腓者，恐違眾忤俗，有害於身世故耳。不知動則逆，居則順，順則不任情，亦不矯情，不狥俗亦不違俗，質任自然，身世俱泰，何害之有？蓋順乃二之本體，故即以此利道之。「雖」者，與奪之詞。私記。

　　胡仲虎曰〔註12〕：「《咸》、《艮》皆取身為象。《咸》六二即《艮》六二，『艮其腓』不言吉凶，『咸其腓』則曰凶者，躁動故也。『居吉』即『艮其腓』之謂也。在《咸》下體則凶，如《艮》本體則吉。」

　　九三：咸其股，執其隨，往吝。

　　《象》曰：「咸其股」，亦不處也。志在隨人，所執下也。

　　三在下卦之上，股在下體之上。股之為物，隨足而動，不知其隨而隨，豈有隨之可執哉？三以陽居陽，原非詭隨之性，下與二比，見二之隨也，以

〔註10〕見曹學佺《周易可說》卷三《咸》。
〔註11〕見董真卿《周易會通》卷七《咸》、胡廣《周易大全》卷十二《咸》。
〔註12〕見胡炳文《周易本義通釋》卷二《咸》。

為時變所適，道宜委蛇，矯枉之過，執其隨而不變。此老莊之學，為後而不為先，寧下人而不敢上人，非聖賢大中之道也。「亦不處」承二而言，處即「居吉」之「居」。「下」即為谿為谷之意。二以柔居柔，三以剛居剛，皆無當於咸之旨。可見人以學問為主，質性非所論也。私記。

　　子瞻曰〔註13〕：「附於足而足不能禁其動者，拇也。附於股而股不能禁其行者，腓也。股欲止而牽於腓，三欲止而牽於二，此猶禪家所云隨法華轉，非轉法華者也。」

　　胡仲虎曰〔註14〕：「《艮》言隨在二，二腓，隨上之限而止也。《咸》言隨在三，三股，隨下之足而動也。」按：咸拇、咸腓、咸股，身未動而足先動，孳孳急急，惟以感人為事，而人卒無感之者，則咸之為咸，亦可知矣。

　　九四：貞吉，悔亡。憧憧往來，朋從爾思。

　　《象》曰：「貞吉，悔亡」，未感害也。「憧憧往來」，未光大也。

　　王輔嗣曰〔註15〕：「四處上卦之初，應下卦之始，居體之中，在股之上，二體始相交感，以通其志者也。凡物感而不正，則至於害，故必貞然後吉，然後得亡其悔。」

　　六爻之中，四為心位，聖人不言心，亦不言咸，一正一反，設兩端以論心學，蓋咸以四為主。凡咸拇、咸腓、咸股、咸脢、咸輔頰舌，皆四為之。四者，心也。心在拇則拇，在腓則腓，倏而拇，倏而腓，所謂「憧憧往來」。拇不知有腓，腓不知有拇，所謂「朋從爾思」。貞則恭，已無為，勿視勿聽，勿言勿動，將不知手舞足蹈，豈不吉而悔亡？虞仲翔曰〔註16〕：「之外為往，之內為來。四在上下卦之間，故為『往來』。三陽相比，亦有『朋從』之象。四雖剛而體說，故象如此。」

　　「有虞氏未施信於民，而民信之。夏后氏未施敬於民，而民敬之。」〔註17〕

〔註13〕見蘇軾《東坡易傳》卷四《咸》。

〔註14〕見胡炳文《周易本義通釋》卷二《咸》。

〔註15〕王《注》見《周易正義》卷六《咸》。

〔註16〕見潘士藻《讀易述》卷六《咸》。按：李鼎祚《周易集解》卷七《咸》所載不同，云：「虞翻曰：『失位，悔也。應初，動得正，故『貞吉』而『悔亡』矣。『憧憧』，懷思慮也。之內為來，之外為往。欲感上隔五，感初隔三，故『憧憧往來』矣。兌為朋，少女也。艮初變之四，坎心為思，故曰『朋從爾思』也。』」

〔註17〕見《禮記·檀弓下》。

後人施信而民弗信，施敬而民弗敬者，何也？聖人從所以感處著精神，如天地之感，何曾於動植上用功？後人但從感人上做工夫，咸拇、咸腓、咸股，憧憧然奔走往來，務以悅人。然而愛人不親，禮人不荅，所從者不過其朋類而已，豈能皡皡然使天下和平哉？《象》曰「未光大」，謂其心體曖昧，無天清地寧氣象，所以周旋世故，既恐己之不能感人，又恐人之不肯感我，全是霸者作用，去聖人之學奚啻萬里？私記。

蘇子瞻曰〔註18〕：「四之所居，心之所在。方其為卦也，四隱而不見，心與百體並用而不知，是以無悔無朋。及其表之以四也，心始有所在，有所在而物疑矣，故正則吉。不正則不吉，其朋則從，非其朋則不從。」

鄭申甫曰〔註19〕：「《咸》、《艮》二卦皆言心學。四當心之處，俱不露心字，此是妙理，見不可有心於感，亦不可有心於艮。有心於感，逐物之學。有心於艮，絕物之學。逐物非虛，有心於絕物，復為絕物所繫，亦非虛也。」

胡仲虎曰〔註20〕：「爻言『貞吉，悔亡』凡四卦，皆先占後象，《巽》九五，《咸》、《大壯》、《未濟》皆九四。九居四本非貞而有悔，聖人因占設戒，而兩開其端。」

張彥陵曰〔註21〕：「兩『未』字大可味。『未感害』之『未』，見害即在感中，有危之之意。『未光大』之『未』，見心體本來原自光大，有醒之之意。」
◎《字書》：憧，意不定也，又行不絕貌。

九五：咸其脢，無悔。

《象》曰：「咸其脢」，志末也。

「陸農師曰脢在口下心上，即喉中之梅核，今謂之三思臺者，是脢與頰舌最為比近。」〔註22〕「已發於心，而未形於言，慎其所感，不滕口說，悔

〔註18〕見蘇軾《東坡易傳》卷四《咸》。
〔註19〕出處不詳。按：張振淵《周易說統》卷七《咸》所引與此不同，云：「鄭孩如曰：『四當心之處，不曰艮其心而曰艮其身，何也？心無乎不在者也。有在則為血肉之心矣。趾也、腓也而心在焉，限也、背也、輔也而心在焉。曰艮其身，而後見心之大全；曰艮其身，而後見心之不滯於一處。此所以化形色而為天性者也。』」
〔註20〕見胡炳文《周易本義通釋》卷二《咸》。
〔註21〕見張振淵《周易說統》卷十《咸》。按：此指二十五卷本《周易說統》，十二卷本無。
〔註22〕見何楷《古周易訂詁》卷四《咸》。

所由免也。」〔註23〕在心之上，故為五象。《象》曰「志末」，謂其意在謹言，不於根本上用功，雖守口如瓶，非聖賢立本之學。**孔仲達云**〔註24〕：「淺於心神，厚於言語。」

《紀聞》曰〔註25〕：「脢言背肉，殊與爻象不合。艮言止，可取諸背。咸言感，所取皆動物，由拇而腓而股而心而喉之脢、口之輔頰舌，自下而上，自本而顛，皆有次序，皆運用之物。五獨取背，非其倫類。凡人將行未行，則拇自振搖；將言未言，則喉中宛轉。拇者，動腓股之漸。脢者，皷頰舌之先。」

上六：咸其輔頰舌。《字書》：舌從干。俗從千，誤。

《象》曰：「咸其輔頰舌」，滕口說也。滕，從舟從弅從水。

童景孟曰〔註26〕：「咸之諸爻，曰拇、曰腓、曰股、曰脢，取象各以其一。上六曰輔、曰頰、曰舌，取象獨以其三，其惡佞也深，故取類也徧。」招尤取憎，不問可知，故不言吉凶。『滕口說』，非獨指儀、秦之輩，後世不求心得，不務躬行，專以議論為事，是孔子所謂德之棄，釋教所謂文字禪也。《說文》：滕，張口逞詞貌。

輔者，口輔也，近牙之皮膚，與牙相依，所以輔相頰舌之物，故曰「輔」。頰，面旁也。輔在內，頰在外，舌動則輔應而頰從之。三者相須用事，皆所用以言者。兌為口舌，故取此象。

〔註23〕見呂巖《呂子易說》卷下《咸》。
〔註24〕孔《疏》見《周易正義》卷六《咸》。
〔註25〕見張獻翼《讀易紀聞》卷三《咸》。按：全見崔銑《讀易餘言》卷二《咸》，《讀易紀聞》引之而不言。
〔註26〕見張振淵《周易說統》卷五《咸》。按：張獻翼《讀易紀聞》卷三《咸》：「景孟王氏云：『以心誌感人，所感已狹，況滕口說以求感，其能感人乎？咸之諸爻曰拇、曰腓、曰股、曰脢，取象各以其一。上六曰輔、曰頰、曰舌，取象獨以其三，其惡佞也深，故取類也徧。狀其『滕口說』，務感悅人也。』」潘士藻《讀易述》卷六《咸》引。
王宗傳，字景孟，號童溪。著《童溪易傳》三十卷。《童溪易傳》卷十四《咸》，初六云：「《咸》之六爻自下至上，皆取諸身以為象者。」上六云：「上六以兌之陰柔居諸爻之上，其在人者，所謂居眾軆之上者，則輔、頰、舌是也，故取以為象也。夫上六，感之極也，居感之極，專以兌之口舌務為柔媚極感之事，此小人女子之常態也，故曰『咸其輔頰舌』。曰輔、曰頰、曰舌，三者俱舉，以言無所不用其媚也。夫以心思感人，所感已狹，騰口說以求感，其能感人乎？此感道之衰也。」
可見此處所引數語乃《讀易紀聞》之說，非王宗傳之說，因不辨《讀易紀聞》引之起止而致誤。

「卦以感為義，爻以靜為善。」〔註 27〕**子瞻曰**〔註 28〕：「咸者以神交也。夫神者將遺其心，而況身乎？身忘而後神存。足不忘屨，則屨之為累也甚於桎梏；腰不忘帶，則帶之為累也甚於縲絏。人之所以終日躡屨束帶而不知厭者，以其忘之也。道之可名言者，皆非其至。而咸之可分別者，皆其粗也。是故在卦者，咸之全；而在爻者，咸之粗也。爻配一體，自拇而上至於口，當其處者有其德。德有優劣，而吉凶生焉。合而用之，則拇屨、腓行、心慮、口言，六職並舉，而我不知，此其為卦也。離而觀之，則拇能履而不能持，口能言而不能聽，此其為爻也。方其為卦也，見其全而不見其偏。」及其為爻也，見其偏而不見其全。見其全，所以為亨為吉。見其偏，所以為凶為吝。

人之咸人，非能相視以目，不言而喻也，無過言行二端。言行，君子之所以動天地也。下卦拇、腓、股，行之象也，以靜為善。上卦脢、輔、頰、舌，言之象也，以寡為吉。四居中心之位也，心以虛而靈，故不言心。心虛，拇腓等節節皆靈；心不虛，拇腓等節節皆妄。一卦六爻，總盡於孟子「誠則動，不誠則不動」兩語。若徒在形骸上周旋，是以聲音笑貌為恭儉也。在手足則勞而無功，在口舌則煩而無益。自頂至踵，無一而可，此周公取象之意、立言之旨也。私記。

恒䷟巽下震上

恒：亨，无咎，利貞。利有攸往。何閬儒曰〔註 29〕：「**恒**從亙。亙，古文作舟。《說文》云『竟也』，象舟竟兩岸也。然則**恒**之從亙，蓋取綿亙至竟無間斷之意，所謂**恒**有常義也。張中溪謂《易》**恒**字無下畫，左旁從心，右旁從一從日，取立心如一日之義。然古無此字，當從《說文》為正。」今依《石經》無下畫〔註 30〕。

《彖》曰：恒，久也。剛上而柔下，雷風相與，巽而動，剛柔皆應，恒。「恒，亨，无咎，利貞」，久於其道也。天地之道，恒久而不已也。

〔註 27〕熊過《周易象旨決錄》卷三《咸》、郝敬《周易正解》卷十《咸》均有此語。潘士藻《讀易述》卷六《咸》據《周易象旨決錄》錄文。焦竑《易筌》卷三《咸》僅引此二語。

〔註 28〕見蘇軾《東坡易傳》卷四《咸》。「見其全而不見其偏」，《東坡易傳》作「見其咸而不見其所以咸」。

〔註 29〕見何楷《古周易訂詁》卷四《恒》。

〔註 30〕「今依《石經》無下畫」，四庫本無。

「利有攸往」，終則有始也。日月得天而能久照，四時變化而能久成，聖人久於其道而天下化成。觀其所恒，而天地萬物之情可見矣。

《疏》〔註31〕：「咸明感應，故柔上剛下，取二氣相交。恒明長幼，故剛上柔下，取尊卑有序。」

項平甫曰〔註32〕：「『剛上柔下』，其分正也。『雷風相與』，其氣通也。『巽而動』，其事順也。『剛柔皆應』，其情交也。此卦之所以為恒也，『亨』者以此，而『亨，无咎』者以此。『无咎，利貞』者，『利』，固守此也。『其道』即上四者之道，久非其道則有咎矣。行何由而亨，守何由而利哉？」

聖人恐人之以執為久也，故曰「久於其道」，明所久在道，非執也。又恐人不知道之所在，故曰「天地之道，恒久不已」，明道配天地，所以能久也。〔註33〕

凡《易》言「利有攸往」，俱以事應言。此釋「終則有始」，則全從性命推究。不曰始終而曰終始，終始不分作兩截。又不徒曰終始而曰終則有始，始即在終之中。此古今至理，驗諸鼻息，昭然可見。即如《咸》、《恒》二卦，陽終於艮而震始之，陰終於兌而巽始之，循環無端，天地之道恒久不已者如此。恒嶽，注云〔註34〕：「陰終陽始，其道常久，故名恒山。」私記。

「日月得天」，以一日言。「四時變化」，以一歲言。天行一日一周，有一定之躔度，而日月因之以迭照，故曰「得天」。天氣一歲四變，有一定之節候，而四時因之以成歲，故曰「變化」。〔註35〕張希獻曰〔註36〕：「不能體常者，不可與盡變；不能盡變者，不可以體常。天地所以能常久者，以其能盡變也。」

〔註31〕孔《疏》見《周易正義》卷六《恒》。
〔註32〕見項安世《周易玩辭》卷七《恒·象》。
〔註33〕項安世《周易玩辭》卷七《恒·利有攸往》：「聖人懼惰者之以執為久也，故曰『恒，亨，无咎，利貞，久於其道也』，明所久在道，非妄執也。又懼暗者不知道之所在也，故曰『天地之道，恒久而不已也』，利有攸往，終則有始也，明道在不已，所以能久也。已者，止也，止則廢，廢則不久矣。」
〔註34〕徐堅《初學記》卷五地部上《恆山第六》：「《白虎通》曰：北方為常山者何？陰終陽始，其道常久，故曰常山。」
〔註35〕項安世《周易玩辭》卷七《恒·利有攸往》：「『日月得天』，以一日言。『四時變化』，以一歲言。天形一日一周，而日月因之以迭照，故曰『得天』。天氣一歲四變，而四時因之以成歲，故曰『變化』。」
〔註36〕見胡廣《周易大全》卷十二《恒》、潘士藻《讀易述》卷六《恒》、張振淵《周易說統》卷五《恒》。

「《咸》曰化生，《恒》曰化成。」〔註37〕生屬天地，成屬聖人。天地生之，而聖人成之也。

鄭申甫曰〔註38〕：《咸》以感為義，而要於無感。天地聖人皆感，而無心於感者。《恒》以不易為義，而妙於變易。四時日月皆變易，而不易者觀其所感。「觀其所恒」。「所」字有味，欲人得於立義之外也。

楊敬仲曰〔註39〕：「咸，感也。『觀其所恒』即『觀其所感』，知所恒即所感，則天地萬物之情昭然可見。恒之剛柔即咸之剛柔，恒之變化即咸之變化。苟以為咸自有所感之情，恒自有所恒之情，則不惟不知恒，亦不知感。今夫『飄風不終朝，驟雨不終日』，此其不恒者皆形也。其風之自、雨之自，不可知也。不可知者，未始不恒也。」咸，感也，不在感上做工夫。恒，久也，不在久上做工夫。吾人終日酬酢，父子兄弟情誼不浹，然有傾蓋如故，觸目道存者，何也？人生在世，少者數十年，多者七八十年，電光石火，塵銷影滅。然顏子三十二而歿，至今未之或亡者，何也？夫子曰「觀其所感」、「觀其所恒」，而天地萬物之情見，要人從根源理會。私記。

《象》曰：雷風，恒。君子以立不易方。

吳幼清曰〔註40〕：「雷之起，每歲各有方。風之起，八節各有方。周而復始，常久不易。」

「雷、風，天下之至動，疑不可以言恒。而所以為風、雷者，君子以為未始或動也。」〔註41〕故體夫雷、風為恒之象，則雖酬酢萬變，妙用無方，而其所立必有卓然而不可易者。〔註42〕

〔註37〕錢士升《周易揆》卷五《恒》：「《咸》曰化生，艮兌，陰陽之少氣也；《恒》曰化成，震巽，陰陽之壯氣也。」
〔註38〕見張振淵《周易說統》卷五《恒》。
〔註39〕見楊簡《楊氏易傳》卷十一《恒》。
〔註40〕見吳澄《易纂言》卷六《恒》。
〔註41〕楊簡《楊氏易傳》卷十一《恒》：「雷風，天下之至動，疑不可以言恒，而《》恒卦有此象。此人情之所甚疑，而君子以為未始或動也。」。
〔註42〕李贄《九正易因·恒》、潘士藻《讀易述》卷六《恒》、張振淵《周易說統》卷五《恒》、曹學佺《周易可說》卷三《恒》載：「君子體夫雷、風為恒之象，則雖酬酢萬變，妙用無方，而其所立必有卓然而不可易之體也。」其中，《九正易因》稱「王伯安曰」、《讀易述》稱「王注」、《周易說統》稱「王龍溪曰」，《周易可說》未言係引用。

《易鈔》曰〔註43〕：「至靜莫如山而以為咸，『寂然不動』者，正其『感而遂通』者也。至變莫如風、雷，而以為恆，變化無端者，正其常久不已者也。」

丘行可曰〔註44〕：「巽，入也，而在內；震，出也，而在外。二物各居其位，則謂之恆。故君子體之，而『立不易方』。方乃理之不可易者。若雷入而從風，風出而從雷，二物異位而相從，則謂之益矣。故君子體之，亦有遷改之義。此《恆》、《益》二象之所以不同也。」

朱康流曰〔註45〕：「人皆知圓之善變，而不知方之善變也。有定理以御之，而縱橫變化，無不脗合；旁行雜越，無不辨治；寥廓放紛，無不轇會；此非圓者之所能也。」

初六：浚恆，貞凶，無攸利。

《象》曰：「浚恆」之凶，始求深也。

初為巽主，處恆之初，在卦之下，陰性務入。不論人情物理，專以刻深為事，如浚井然，故曰「浚恆」，以浚為恆也。《象》申之曰「始求深」，君子深造以道，深亦何害？但順其自然，由淺而深，其深可久。求則有穿鑿之苦，始求更有欲速之病。言乎學問，則流於異端；言乎事業，則近於雜霸。但有凶耳，何利之有？私記。

「初居巽下，以深入為恆。上居震極，以震動為恆。」〔註46〕「深入者刻，振作者擾。擾則無功，刻必有禍。況在始而求深、在上而好動乎？」〔註47〕

林寒泉曰〔註48〕：「《恆》以初與四為成卦之主，所謂『剛上而柔下』者也，震，起也。巽，伏也。震在上則起者益起，巽在下則伏者益伏，雷風相與而不相與，剛柔皆應而不皆應，卦之『利貞』、『利有攸往』者，胥失之矣。」

〔註43〕不詳。

〔註44〕董真卿《周易會通》卷七《恆》、胡一桂《易本義附錄纂疏·恆》、胡震《周易衍義》卷八《恆》、胡廣《周易大全》卷十二《恆》。

〔註45〕見朱朝瑛《讀易略記·恆》。（《四庫全書存目叢書》經部第24冊，第777頁）

〔註46〕項安世《周易玩辭》卷七《恆·初六上六》：「初六居巽之下，以深入為恆也。上六居震之極，以震動為恆也。在始求深，在上而好動，皆凶之道也。」

〔註47〕見焦竑《易筌》卷三《恆》。

〔註48〕不詳。

何闓儒曰〔註49〕：「《彖》言『亨通』，卦體而言也。爻多不吉，析爻位而言也。此讀《彖》、爻之法。」

九二：悔亡。

《象》曰：九二「悔亡」，能久中也。

「過與不及，皆非可久之道。」〔註50〕「道之可久，中焉止矣。九二失位，故『悔』；得中，故『悔亡』。程《傳》『中重於正』〔註51〕是也。《象》提九二以明中之故。久而不中者，初、四、上也。不久不中者，九三也。執中無權者，六五也。」〔註52〕

卓去病曰〔註53〕：「陽居陰位，陰居陽位，儒者以為不正，又以為有悔。然亦有不可執者。《觀》六五以柔中為從婦，則五宜剛中矣。五宜剛中，則二宜柔中矣。今九二剛中而悔亡，則陽居陰位為悔之說，未可執也。」

程正叔曰〔註54〕：「六爻惟此爻為善。巽而居中，入理深，處道當，故能優游而不變，非中其誰能之？『能』字有工夫，有本領。」陸君啟曰〔註55〕：「有悔，中便間斷，『悔亡』則能久於中矣。舊說久於中故悔亡，夫既久中矣，何處尋悔來？」胡仲虎曰〔註56〕：「九二提出『能久中』三字，諸爻不中故不久，皆可見。」程可久曰〔註57〕：「《大壯》九二、《解》初六及本爻皆不著其所以然，蓋以爻明之也。」

〔註49〕何楷《古周易訂詁》卷四：「《彖》言亨，統卦體而言也；《象》多不吉，析爻位而言也。自不相礙。」

〔註50〕方聞一《大易粹言》卷六十《節》：「白雲郭氏曰：『（略）不及與過，皆非可久之道。』」

〔註51〕見程頤《伊川易傳》卷三《恒》。

〔註52〕錢士升《周易揆》卷五《恒》：「可久之道，中焉止矣。久於中，即久於道也。九二失位，故悔；得中，故悔亡。程《傳》云『中重於正』是也。久而不中者，初與四也。不久不中者，九三也。執中無權者，九五也。」

〔註53〕見卓爾康《周易全書·恒》。四庫全書存目叢書補編第90冊，第321頁。

〔註54〕不詳。

〔註55〕見陸夢龍《易略·恒》。（《四庫全書存目叢書》經部 第19冊，第494頁）又見張振淵《周易說統》卷五《恒》。

〔註56〕見胡炳文《周易本義通釋》卷四《恒》。

〔註57〕見焦竑《易筌》卷三《恒》、張獻翼《讀易紀聞》卷三《恒》、潘士藻《讀易述》卷六《恒》。按：又見董真卿《周易會通》卷七《恒》，稱「程氏曰」；何楷《古周易訂詁》卷四《恒》，稱「沙隨程氏云」；胡廣《周易大全》卷十二《恒》，稱「沙隨程氏曰」。

九三：不恒其德，或承之羞，貞吝。

《象》曰：「不恒其德」，無所容也。

唐凝庵曰〔註58〕：「九三處得其正，是其德之可恒者也。」《本義》謂其「過剛不中，志從於上」，夫使三而以陰居之，則既病其不正矣，而又嫌其過剛乎？剛柔皆應，恒也，「志從於上」而又可非乎？而以為「不恒其德」，何也？三當巽之終，震之始，以剛躁而處風雷之交，動靜不得自主，不恒之象也。焦弱侯曰〔註59〕：「陰性刻深，故初取巽之入。陽性剛決，故三取巽之躁。」

周氏光德曰〔註60〕：「無德而不恒，不足責也。惟『不恒其德』，則人將以其所至議其所不至，以其晚節誅其生平，君子恥之，小人非之，於世豈有容地，故有德不可無守。」程敬承曰〔註61〕：「三不言凶而曰『羞』者，以凶懼之，不若以羞愧之，尤為激切也。且凶害猶可逃，羞則內愧己，外愧人，無可逃於天地之間，故曰『無所容』。」

李衷一曰〔註62〕：「『或』之云者，自家惶愧，不知何所從來，此分明不貞的人。曰『貞吝』，甚之之詞，言前美盡喪，後悔莫贖也。」

農有恒產，工商有恒業，「賈多端則貧，工多技則窮」〔註63〕。信道不篤、喜怒不常之人，父子兄弟難與久處，何所容其身乎？無所容，則但有羞愧而已。私記。

九四：田無禽。

《象》曰：久非其位，安得禽也？

「田取震動馳騁之義。」〔註64〕凡漁佃於學問，馳騖於功能而中無實得者，皆「田無禽」之類也。潘去華曰〔註65〕：「『久非其位』，謂非中也。若謂

〔註58〕唐鶴徵《周易象義》卷三《恒》：「三與二比，宜與之恒其德矣。」（《四庫全書存目叢書》經部第10冊，第325～326頁）

〔註59〕見焦竑《易筌》卷三《恒》。

〔註60〕不詳。

〔註61〕見張振淵《周易說統》卷五《恒》。按：原出程汝繼《周易宗義》卷五《恒》。（《續修四庫全書》第14冊第200～201頁）

〔註62〕見張振淵《周易說統》卷十《恒》。按：此指二十五卷本《周易說統》，十二卷本無。

〔註63〕見《淮南子·詮言訓》。

〔註64〕見潘士藻《讀易述》卷六《恒》。

〔註65〕潘士藻《讀易述》卷六：「仲虎曰：『九四以陽居陰，「久非其位」。然九二亦陽居陰，而曰「悔亡」者，唯中則可常久。二中，九四不中故也。《師》之六

以陽居陰為非其位，則九二亦以陽居陰，而曰『悔亡』；九三以陽居陽，而曰『貞吝』；俱有所扞格矣。」卓去病曰〔註66〕：「不在不久，弊在於動。久在動地，徒勞無功，安能成也？」

「震為大塗田象，巽為雞禽象。田取震動之義，震雖好動而離〔註67〕巽之位則無禽。」〔註68〕

六五：恆其德，貞。婦人吉，夫子凶。

《象》曰：「婦人」貞吉，從一而終也。「夫子」制義，從婦凶也。

焦弱侯曰〔註69〕：「二、五皆久於中者也。二『悔亡』而五『凶』，何也？居下當固守，而居上當專制，始當堅守，而極當變通，位與時自不同也。易於恆而發此義，以見『久於其道』乃為恆，非執一不通之謂。」錢塞庵曰〔註70〕：「尾生之信、申生之孝、伯姬之守禮，六五似之。」

《測言》曰〔註71〕：「『其德』者，六五之德也。六五以陰居陽，處位不當，君子於此自有變化之功、陶鑄之學。苟以此為貞，守之不變，則如婦人執順德以終身者耳，豈丈夫所宜哉？」

李之翰曰〔註72〕：「恆以常為體，變為用。偏於變通，是不恆其德。偏於執守，則為婦人之恆。」

五曰『有禽』，五柔中而所應者剛，剛實故曰『有禽』。《恆》之四以剛居不中，而所應者柔，柔虛故曰『無禽』。』」

胡炳文《周易本義通釋》卷二《恆》：「《本義》謂九四『以陽居陰，久非其位，故有此象』。然九二亦陽居陰，而曰『悔亡』者，惟中則可常，九二中，九四不中故也。《師》之六五曰『田有禽』，五柔中而所應者剛，剛實故曰『有禽』。《恆》之四以剛居不中，而所應者柔，柔虛故曰『無禽』。在《師》為『田有獲』之占，在《恆》為田無所獲。然非特田也，假田以為象，凡占亦如之。」

〔註66〕見卓爾康《周易全書·恆》。四庫全書存目叢書補編第90冊，第322頁。
〔註67〕「離」，《周易說統》作「脫」。
〔註68〕見張振淵《周易說統》卷五《恆》。
〔註69〕見焦竑《易筌》卷三《恆》。此引文又見曹學佺《周易可說》卷三《恆》。未知究屬誰說。
〔註70〕錢士升《周易揆》卷五《恆》：「五位與二同而柔中，與剛中異，為婦人之恆。乾道變化而能恆，地道順承而不能變也。尾生之信、申生之孝、伯姬之守禮似之。」
〔註71〕不詳。
〔註72〕不詳。

丘行可曰〔註73〕：「《恒》九四之才與二同而位異，故四之久不如二之久；六五之位與二同而才異，故五之柔中不如二之剛中也。」

胡仲虎曰〔註74〕：「『咸其腓』，戒二之動也；五『咸其脢』不動矣，而又不能感。『或承之羞』，戒三之『不恒』也；五『恒其德』貞矣，而又執一不通。《易》貴於知時識變，固如是哉！」

林素庵曰〔註75〕：「晉元帝庸劣之資，神州陸沉，來臨江左，而剛斷不足，故大業未濟，內難已興。宋高宗偷懦之性，舉族北轅，即位臨安，而英哲無聞，故播遷窮壁，坐失事機。」

上六：振**恒**，貞〔註76〕凶。

《象》曰：「振**恒**」在上，大無功也。

《注》云〔註77〕：「靜為躁君，安為動主，故安者上之所處也，靜者可久之道也。」按：「上六居恒之極，處震之終，**恒**極則不常，震終則過動，又陰柔不能固守，居上非其所安，故『振**恒**』而『凶』。」〔註78〕「振**恒**」者，以振為**恒**也。振，作也，起也。振作太過，騷擾太甚，則必有意外之變，故凶。其初志在要功，聖人探其志而折之曰「大無功」。曰「大」者，上無益於國家，下不利於生民，安石新法之禍是也。《字書》：振如振衣振書，抖擻運動之謂。

林素庵曰〔註79〕：「桓溫奸雄任術，本無恢復中原之志，而連年北伐，卒取枋頭之敗。殷浩儒流恂雅，原非經略用兵之材，而統將北征，卒潰山桑之師。」

李宏甫曰〔註80〕：「卦中四以失位『無禽』，三得位矣而巽極則躁，雖正亦吝。則不專以得位為**恒**也。二久中『悔亡』，五亦得中而不能制義，雖正亦凶。是又不專以得中為**恒**也。巽入宜深也，初求深雖正亦凶，是巽不專以入

〔註73〕見熊良輔《周易本義集成》卷二《恒》、胡廣《周易大全》卷十二《恒》。

〔註74〕見胡炳文《周易本義通釋》卷二《恒》。

〔註75〕不詳。

〔註76〕「貞」，《周易正義》、《周易集解》、《伊川易傳》、《周易本義》均無。

〔註77〕王《注》見《周易正義》卷六《恒》。

〔註78〕見朱熹《周易本義》卷二《恒》。

〔註79〕不詳。

〔註80〕見錢士升《周易揆》卷五《恒》。而李贄《九正易因·恒》云：「六五以陰居陽，『恒其德，貞』矣，而不免為夫子之凶者，蓋知恒而不知恒之不可以恒也。上六處震之極，猶然『振恒』以為功，而不知其為無功之大焉，蓋知振而不知恒之不可以振也。甚矣，恒之難言也！恒不可，不恒不可，得不可，不得不可，振不可，濟不可，然則將何如？亦曰恒久而不已焉耳。」

為**恆**也。震出宜動也,上震極過動無功,是震又不專以動為**恆**也。潛不可,振不可,不恆不可,以**恆**為**恆**亦不可,求得不可,無得亦不可,然則將何如?久於其道而已。二之『久中』是也。」

遯 ䷠ 艮下乾上

遯:亨,小利貞。《說文》:「遯,逃也。從辵豚聲。」辵音綽。王氏曰:「辵,行而去也。」按:「豕見人則逸,羊見人則觸,故遯取豚以象退,《大壯》取羊以象進。」〔註81〕

《彖》曰:遯「亨」,遯而亨也。剛當位而應,與時行也。「小利貞」,浸而長也。遯之時義大矣哉!

「《遯》以二陰之長成卦,以四陽之遯得名。《易》為君子謀,名卦必以陽為主也。」〔註82〕「遯而亨」者,善藏其用,無拘無礙,遯而亨也;挽回世道,將安將樂,「遯而亨」也。「與時行」是遯之作用,「剛當位而應」是遯之時候。九五陽剛當位,而二應之,此時權柄猶在,嫌隙未生,見幾而作,無痕跡之可尋,此達權妙用,難與拘方者論也。「小利貞」,舊以「小」為二陰,利於正而不害君子,然二陰漸長,明是小人得意之際,如何能摧抑之使歸於正?況下即接「遯之時義」句,則所謂「小利貞」者亦遯中事也。蘇君禹曰〔註83〕:「君子當二陰浸長之時,必勤小物、矜細行,纖悉幾微,舉合於正,斯為利也。」何也?群小用事,方將持君子之短長,苟點檢少疏,則彼將投間抵隙,其何以自解乎?聖人婆心為君子處,全在此句。

「遯之時義大矣哉」,時從外遇,義自中裁〔註84〕,昧者不知,直以奉身而退為遯。夫世豈能容君子遯?君子亦何敢遯?何可遯?〔註85〕終身遯世而

〔註81〕見郝敬《周易正解》卷十《遯》、錢士升《周易揆》卷五《遯》。

〔註82〕胡一桂《易本義附錄纂疏·遯》:「愚謂《遯》以二陰之長成卦,而以四陽之遯得名。《易》為君子謀,名卦必以陽為主,如是則時義之大,亦以陽之能遯為大也。」

〔註83〕見蘇濬《生生篇·遯》。

〔註84〕張振淵《周易說統》卷五《遯》:「陸君啟曰:『時從外遇,義自中裁。所利之貞為小貞,時也。所藏之用為大用,所以運時也。天地之不窮於剝,世道之不窮於否,君子之不窮於小人,全賴與時行之義,故贊其大,非以處之之難為大也。』」

〔註85〕沈一貫《易學》卷五《遯》:「惟有道之世,可以直道而行。世無道也,則君子亦無道以處此,於是委曲萬方以行其正。而所為處身、處人、處君子、處小人者,非一義矣。昧者不知,直謂奉身而退之為遯耳。夫世豈能容君子遯?

未嘗離世，不與時止而與時行，社稷蒼生賴以奠安，其時其義豈不大哉？此警戒之詞，非讚賞之語。楊廷秀曰〔註86〕：「小人之於一身，徼幸於萬一。聖人之於天下，亦徼幸於萬一。」

質卿曰〔註87〕：「引而避之，可名曰退。辭而違之，可名曰去。惟遯則無頭腦，無圭角，驀然而起，出於事機之外，如一言語、一舉動，皆識幾先，有對面相遯而無痕跡者，是真遯也。」

項平甫曰〔註88〕：「『小利貞』，聖賢救世之微機也。陰方浸長，世道未至喪亡，尚有可小小扶持之處。天若未喪，亦有興衰撥亂之理。此郭林宗周旋郡國，誘掖人才之意也。自遯而上，更進一陰，則『不利君子貞』，無復『小利貞』之望矣。」

吳幼清曰〔註89〕：「卦辭『遯，亨』為四陽言也。《彖傳》專言九五者，九五四陽之統，得處遯之宜，有致亨之道。」

《象》曰：天下有山，遯。君子以遠小人，不惡而嚴。

孫聞斯曰〔註90〕：「『天下有山』，天無卻山之情，山無援天之路。」萬尚烈曰〔註91〕：「與小人處，不必在小人身上著腳，惟以天自處，則無小人之足慮矣。」

郝仲輿曰〔註92〕：「刻核太甚，必應以不肖之心。周旋太密，又濟其朋比之惡。惟以禮相與，以誠相感而已。」

初六：遯尾，厲，勿用有攸往。
《象》曰：「遯尾」之厲，不往何災也？

卦之名遯，以二陰浸長而迫陽以遯，非初自遯也。傳義謂遯而在後，非

　　而君子亦何能遯？何可遯哉？即遯，而所為遯者亦非一義，故曰『時義大』。」
〔註86〕見楊萬里《誠齋易傳》卷九《遯》。
〔註87〕見潘士藻《讀易述》卷六《遯》。張振淵《周易說統》卷五有節引，但不言係引用。
〔註88〕見項安世《周易玩辭》卷七《遯》。
〔註89〕見吳澄《易纂言》卷四《遯》。
〔註90〕見卓爾康《周易全書·遯》。四庫全書存目叢書補編第90冊，第327頁。
〔註91〕黃虞稷《千頃堂書目》卷一著錄萬尚烈《易大象測》一卷。
〔註92〕郝敬《周易正解》卷十《遯》：「尅核太甚，必應之以不肖之心。周旋太密，又濟其朋比之惡。亦惟禮以相與，正以相誨，誠以相感，無惡怒之加，有方嚴之守，亦如天之於山，無心絕之，而自不可及。君子所為，天下有山也。」

卦象義矣。《易》之取象，多以上為首，下為尾。遯者陽也，尾者陰也，四陽將遯，初尾其後〔註93〕，或搜其過於謝事之餘，或摘其短於退身之後，皆尾之象也。「厲，勿用有攸往」，皆指陽而言。

卓去病曰〔註94〕：「潛身隱遯，雖非入世，然有所作止，即是轍跡，即謂之往。『勿用有攸往』者，並遯亦無跡可尋，然後災害可避。」孫聞斯曰〔註95〕：「災不從一人看，當遯不遯則身污，身污則邪黨得逞志於我，並逞志於同類，害及於國家，故曰『不往何災』，蓋決詞也。」

六二：執之用黃牛之革，莫之勝說。

《象》曰：執用黃牛，固志也。

「二柔浸長，為成卦之主，蓋迫陽以必遯者。」〔註96〕然居艮體，柔順中正，應五比三，不以權勢相逼，而以欵誠相結，不獨留其身，且將固其志。「固志」，堅固遯者之志，使不去己也。「固志」正解「莫之勝說」。三之係遯，所謂「莫之勝說」也。曰「執」，未免有束縛之意。曰「黃牛之革」，則柔順堅牢，君子欲說之而不能，此小人作用之妙。「黃」言中，「牛」言順，「革」言堅。艮體為執，《咸》九三艮體亦言「執」也。私記。

九三：係遯，有疾厲。畜臣妾，吉。

《象》曰：「係遯」之厲，有疾憊也。「畜臣妾，吉」，不可大事也。

〔註93〕熊過《周易象旨決錄》卷三《遯》：「卦之名遯，以二陰浸長而迫陽以遯，初非自遯也。傳義謂遯而在後，非卦象義矣。四陽將遯，初尾其後，猶遠於陽體，艮止而不相犯，故厲而不災也。」

〔註94〕見卓爾康《周易全書·遯》。四庫全書存目叢書補編第90冊，第329頁。

〔註95〕卓爾康《周易全書·遯》：「孫聞斯曰：『君子初遯，定有不了行跡，尚致人微議、惹人歡許處，直須絕一往心，使知天下原無有我，我亦不必望復有於天下，而災口不生，而遯乃可究，故曰『不往何災』，蓋決辭也。且災亦不從一人看，時當遯不遯則身污，身污則奸人邪黨得以逞志於我，究且滅極世事而逞志於我同類，勢不令空人之國，毒主之脈不已，故曰『遯之時義大』，一遯而所全者實多。楊億早遊丁謂，知不可共事。堯夫一聞天津杜鵑聲，遂優游洛下，不復仕進。一遯於位，一遯於名，兩皆近世賢達之可師者也。』」（四庫全書存目叢書補編第90冊，第329頁。）

〔註96〕熊過《周易象旨決錄》卷三《遯》：「二柔浸長，為成卦之主，用事之爻也。然柔中而正，體艮用三以自執其侵陵之志者。」潘士藻《讀易述》卷六《遯》：「二柔浸長，為成卦之主，蓋迫陽以必遯者。然體艮嚴正，上應貴主，未遽有侵陽之志，則猶善機也。」

乾三陽所以得遯而避二陰之長者，有九三以止之也。然三與二陰同體，二以情好相固結，三牽繫而未能決，將為陰柔所薄，而元氣危矣〔註97〕，故曰「有疾厲」。「『疾』者，行之疵厲者。身之危無一可者也，惟以此繫之道。『畜臣妾』則可，蓋出處大節與豢養私恩不同，甚言繫之不可也。」〔註98〕**郝仲輿曰**〔註99〕：「疾以繾綣為困，故處遯則厲。臣妾以繫戀為恩，故『畜臣妾』則吉。」

馬氏理曰〔註100〕：「或繫於朝，有牽挽之人；或繫於家，有俯仰之累。心遠而身留，身遠而心戀。」子雲十年不調，徘徊莽、賢之間，卒至投閣，此其證也。按：懘，疲極也，摹寫最為有味。九三以剛居剛，亦是正直一流人物，但小人不可與作緣。一通情好，剛腸柔於綽約，士君子之於小人慎之哉！

「畜臣妾，吉」與《恒》「婦人吉」一例。

九四：好遯，君子吉，小人否。

《象》曰：「君子」「好遯」，「小人否」也。

三以剛居剛而曰「係遯」，四以剛居柔而曰「好遯」者，遠近之別也。君子之於小人，猶錫之於油膩，遠則無累，近則相昵。四與初雖正應，而相去甚遠，不知不覺，好好遯去，不以應之，故而有偏繫之私，亦不以遯之故，而開異同之際。「此君子之吉、小人之否。小人以中傷善類為計，吉在君子，則否在小人矣。」〔註101〕《象》曰「君子好遯，小人否也」，蓋謂其計之不行而幸之也。否，猶《否》卦之否。

何閩儒曰〔註102〕：「『係』、『好』兩字，形容最細。小人方盛之時，力能抗君子，而初、二兩柔，只是情好術數，羈縻繫戀而已。君子悟之則遯，不悟即身辱名壞，從此始矣。」

〔註97〕馮椅《厚齋易學》卷十九《遯》：「案：乾三陽所以得遯而避二陰之長者，以有九三以止之也。今九三為二陰所拘繫而不得脫，將為陰氣所薄，而元氣危矣。能如人主之畜臣妾，柔而服之，使二陰止於內而不往外，乃吉道也。」

〔註98〕孫從龍《易意參疑》卷四《遯》：「『疾』者，行之疵厲者。身之危无一可者也，惟以此係遯之道，『畜臣妾』乃可無疾厲耳。蓋出處大節與豢養私恩不同，故可施於彼而不可施於此，謂之『畜臣妾，吉』，甚言其他無所利耳。」又見張振淵《周易說統》卷五《遯》，稱「孫賁菴曰」。

〔註99〕見郝敬《周易正解》卷十《遯》。

〔註100〕見馬理《周易贊義》卷四《遯》。

〔註101〕張振淵《周易說統》卷五《遯》：「鄭孩如曰：『四於初六有所交好，而能絕之以遯，此君子之吉而小人之否也。小人以中傷善類為得計，吉在君子，否在小人矣，言其計之不行也。』」

〔註102〕見何楷《古周易訂詁》卷四《遯》。

九五：嘉遯，貞吉。

《象》曰：「嘉遯，貞吉」，以正志也。

此《象》所謂「剛當位而應，與時行」者，非正應而相昵。曰「係」，以中正而相應。曰「嘉」，二、五本是嘉耦。〔註103〕五居乾之中，見幾明決，當其歡然相應，固而留我若嘉耦之時，翩然而去，故曰「嘉遯」。二「固志」，固五之志也。五「正志」，正而不為二所固也。〔註104〕功名富貴之念盡情拋棄，略無沾染，豈不貞而吉？

上九：肥遯，無不利。

《象》曰：「肥遯，無不利」，無所疑也。

《遯》二陰四陽，三與二、初同體，四與初應，五與二應，故三言「係」而四言「好」、五言「嘉」；上無所應，故言「肥」。「肥」者，「疾憊」之反。三「憊」而上「肥」者，有係無係之間而已。有係則有疑，所謂心戰而臞也。無係則無疑，所謂戰勝而肥也。君子小人之際，皆從疑起。無所疑則君子不疑小人，小人不疑君子，如忘機鷗鳥，方是遯之妙境。

項平甫曰〔註105〕：「下三爻艮，主於止，故為『不往』、為『固志』、為『係』。《遯》上三爻乾，主於行，故為『好遯』、為『嘉遯』、為『肥遯』。」

潘去華曰〔註106〕：「係不如好，好不如嘉，嘉不如肥。當遯而猶係者，大夫種也。乘相好之時而遯者，范蠡也。以為嘉耦而猶遯者，子房也。在事物之外，肥而無憂者，四皓、兩生也。」

張伯起曰〔註107〕：「『肥遯』，漢儒作『飛遯』。《攝山碑》：『緬懷飛遯。』

〔註103〕胡炳文《周易本義通釋》卷二《遯》：「非正應而相昵。曰『係』，以中正而相應。曰『嘉』，隨九五孚於嘉，蓋因六三之係而見也。」

〔註104〕焦竑《易筌》卷三《遯》：「九四剛而不正，遠小人以情。九五剛而中正，遠小人以禮。此『好遯』、『嘉遯』之別也。二固五之志，五則自正其志，不為二之所留。」

〔註105〕見項安世《周易玩辭》卷七《遯·六爻》。

〔註106〕潘士藻《讀易述》卷六《遯》：「按：《遯》六爻下三爻艮也，艮主於止，故為不往、為固志、為係；遯上三爻乾也，乾主於行，故為好遯、為嘉遯、為肥遯。在下位而不往，柳下惠也。在內而能固其志者，季札、子臧也。當遯而猶係者，大夫種也。乘相好之時而遯者，范蠡也。以為嘉耦而猶遯者，子房也。在事物之外，肥而無憂者，四皓與兩生也。」《讀易述》之按語即項安世《周易玩辭》卷七《遯·六爻》之內容。

〔註107〕張鳳翼《譚輅》卷上：「《易·遯》卦上爻辭，『肥遯，無不利』，漢儒作『飛遯』，釋曰『遯而能飛』，蓋取高飛遠舉之義。《攝山碑》『緬懷飛遯』，亦作

然《東方朔畫像贊》作『肥遯居貞』，王右軍、顏魯公書之，亦俱作『肥』。張有道為阮孝緒筮得此爻，亦曰『肥遯』。」

李衷一曰〔註108〕：「陰盛於《否》而至於《剝》，君子未嘗不周旋其間。《遯》以二陰伏四陽之下，陰猶未足以勝陽，聖人惟恐君子不遯，又恐遯之不早者，何也？《剝》陰雖盛，滅貞之罪己暴著於天下，君子有防之之心，無繫之志，且剝極思治，大機大權將轉而入君子之手，故不食之果，乾坤之生意起焉。遯則二陰雖微，其勢至銳，君子不虞其銳且忽其微，故小人暗傷君子，不在於相悖而在於相應，君子陰受小人之傷，亦不在於相侵而在於相繫，繫則疾，好則吉，嘉則貞，肥則利，不可不以浸長而蚤為備也。」

<hr />

『飛』。然夏侯氏作《東方朔畫像贊》作『肥遯居貞』，而王右軍、顏魯公書之，亦俱作『肥』。張有道為阮孝緒筮得此爻，亦曰：『此為肥遯無不利。』蓋取義勝。而肥之義，宋儒從之，故今俱作『肥』。」

〔註108〕見張振淵《周易說統》卷十一《遯》。按：此指二十五卷本《周易說統》，十二卷本無。